텐배거 포트폴리오

텐배거 포트폴리오

김학주가 짚어주는 시장의 미래를 바꿀 주식 TOP 50

김학주 지음

page2

| 시작하는 글 |

돈의 물길은 이미 정해졌다

투자를 할 때 많은 사람들이 간과하는 가장 큰 비용은 '행복'이다. 많은 이들이 돈을 잃을 위험이나 실망스러운 수익률을 우려하고는 하지만 사실 그들은 '마음의 평안'을 가장 크게 잃고 있다.

자신이 잘 모르는 분야나 종목에 부담스러운 금액을 집어넣으면 스트레스를 크게 받는다. 잠을 이루지 못하기도 할 것이다.

먼저 공부하라. 공부를 하다 보면 확신이 생기는 기업이 있다. 그 기업에 투자하는 이유를 적을 수 있을 것이다. 그곳에 투자하라. 단, 일부분만. 지식이 쌓여갈수록 더 예뻐 보이는 기업들이 나타날 것이기 때문이다. 그렇게 주식들을 모아가다 보면 자연스럽게 분산투자가 이루어진다. 종목들은 모두 자신이 훤히 꿰고 있는 것들이다. 즉 그 종목과 관련해서 당신은 남들보다 빠르게 판단하고 행동할 수 있다. 초과 이익은 이렇듯 남들이 보지 못하는 것을 먼저 보고 움직일 때 따라온다.

그런데 지금은 이렇게 열심히 공부하지 않아도 되는 시기다. 성장의 방향이 정해졌기 때문이다. 남들보다 좀 늦게 알고 더 비싸게 사더라도 그 기업의 성장이 지속된다. 좋은 일이 생긴 기업에 더 좋은 일이 뒤따른다. 신기술이 그런 방향성을 만들고 있다.

인류는 성장에 눈이 멀어 비효율적이고 환경파괴적인 일을 벌여왔다. 출근을 하려고 1톤짜리 쇳덩이에 불을 지르며 달리는 짓을 저질러온 것이다. 또한 경제성장에만 치중하다 보니 그 후유증으로 부의 불균형이 극에 달했다. 그 결과 정치는 극우, 극좌로 치달았다. 인류는 더 이상 이런 비효율에 의한 인플레 압력, 환경파괴, 부의 불균형을 유지하기 어렵다. 우리의 생활은 스마트하게 바뀔 수밖에 없다.

신기술은 이 모든 문제를 해결한다. 인구 고령화에 따라 세계경제가 늙어가고 있지만 신기술이 적은 비용으로 더 많은 재화나 용역을 제공한다. 그 결과, 성장이 발생하고 인플레는 감소한다. 신기술은 환경친화적인 스마트한 생산방법도 제시한다. 기득권 노인 부자들은 젊은이들이 만든 이 기술들을 기꺼이 비싸게 살 의향이 있다. 투자수익률이 은행의 예금이자보다 훨씬 높기 때문이다. 투자위험을 감안하고도 말이다. 굳이 세금을 거둬 돈을 **뺏지** 않고도 가난한 젊은이와 늙은 부자가 서로 만족할 수 있는 방법이다.

신기술 기업이 성장하려면 돈이 필요하다. 그런데 지금은 시장에 돈이 넘쳐나는 시기다. 금, 비트코인, 주식 등 안전자산, 위험자산 가리지 않고 가격이 오른다는 것이 그 증거다. 본래, 어느 기업에 돈이 본격적으로 유입되는 때는 해당 기업이 성장기를 지나 성숙기에 접어든 후다. 성장기에는 돈을 많이 벌지만 시설 확장에 엄청난 금액이 투자되고, 재고자산과 매출채권 같은 운전자본이 증가해 돈이 묶이기 때문이다. 그런데 지금은 세계경제가 성숙기를 지나고 있어 돈이 갈 곳을 잃고, 시중 유동성이 폭발하는 시기다. 이렇게 넘치는 돈들이 생산적인 투자처를 찾지 못하면 1990년대의 일본에서처럼 거대한 거품과 후유증을 남기지만, 다행히 지금은 인공지능을 비롯한 신기술이 나타나 그 돈들이 가서 일할 곳이 있다. 우리는 그곳에 투자하면 된다.

1980년대 후반 일본 기업들의 예를 들어보자. 1970년대 소니, 토요타, 미쓰비시 등 일본 기업들의 약진은 눈부셨다. 그런데 1985년 플라자 합의를 거치며 성장동력이 약화됐다. 성숙기로 접어든 것이다. 일본 기업들은 투자처를 찾지 못했다. 결국 성장기에 잠재되어 있던 돈이 몰려들었다. 그 돈들이 갈 수 있는 곳은 부동산 및 주식 시장뿐이었고, 그곳에서 거대한 거품을 만든 후 1990년대 초 붕괴됐다. 지금 일본 주가지수는 35년 전 고점을 간신히 회복한 상태다. 잃어버린 35년인 셈이다.

기업뿐 아니라 가계도 늙었다. 은퇴 인구가 증가한다. 노인들은 소비성향도 낮고, 자식들도 다 키워 더 들어갈 돈도 없다. 결국 저축성향이 높아질 수밖에 없다. 많은 사람이 미국 정부가 돈을 풀어서 유동성이 풍부해졌다고 생각한다. 그것이 부분적인 이유이기는 하다. 하지만 좀 더 근본적인 시중 유동성 확대 요인은 경제와 가계가 늙어갈 곳 없는 돈들이 유령처럼 방황하는 것이다.

투자의 방향이 정해지면 투자자들은 편하다. 사놓고 기다리면 Buy & Hold 되기 때문이다. 단, 가장 경쟁력 있는 기업에 투자하라. 2000년대 초반 IT 거품이 꺼졌을 때 마이크로소프트MICROSOFT의 주가는 반토막이 났지만 지금은 2000년대 초 고점보다도 10배 가까이 오른 상태다. 반면 넷스케이프NETSCAPE COMMUNICATIONS나 야후YAHOO!는 구글GOOGLE에 대체되었다.

이 책은 향후 5~10년간 세상을 바꿀 신기술 및 관련 주력 기업들을 소개한다. 딱딱한 기술들을 이해하기 쉽게 풀어 설명하려고 애썼다. 개인투자자들이 미래를 읽고 투자 공부를 시작하는 데 이 책이 조금이라도 보탬이 되었으면 한다.

차례

시작하는 글   돈의 물길은 이미 정해졌다 ··· 4

제1장
대체 불가능한 존재들의 전쟁
AI 시대의 생존법

달러 패권은 무너지고 있는가 ··· 15
신냉전 시대의 승부를 가를 무기, 계산능력 ··· 24

제2장
부의 지도가 바뀌는 최전선
AI 반도체와 소프트웨어

인공지능 춘추전국시대 ··· 41
인공지능 개발의 중심, 반도체 ··· 44
아직도 인공지능이 우리 뇌를 모방하는 이유 ··· 50
미중 AI 전쟁, 중국의 추격은 가능한가 ··· 52
엔비디아는 끝난 주식인가 ··· 56
인공지능 추론 시대, 새롭게 떠오르는 강자들 ··· 59
반도체 수출 규제, 웃는 자는 누구인가 ··· 75
인공지능의 IQ를 올리기 위해 필요한 것 ··· 78
한국 메모리 미래 시나리오 ··· 84

제3장
소형 원자로와 차세대 하드웨어들
AI 인프라와 에너지

전기 먹는 괴물, 인공지능 ··· 95
소형 원자로, 될 수밖에 없다 ··· 97
소형 원자로는 안전한가 ··· 100
소형 원자로가 국방 분야에 가져올 변화 ··· 103
소형 원자로 보급이 지연되는 이유는? ··· 105
소형 원자로의 유형과 주목할 기업들 ··· 110
청록수소가 숨어 들어온다 ··· 116
인공지능 반도체 소재의 혁신적 변화 ··· 133
전고체 배터리 상용화, 투자할 가치가 있는가 ··· 140
디지털 트윈의 지름길, 위성통신 ··· 160

제4장
자율주행·로봇·바이오가 만드는 기회
AI 추론 서비스

추론 서비스의 첫 무대, 자율주행 ··· 169
로보틱스의 새로운 세계, 휴머노이드 ··· 174
휴머노이드 밸류체인의 진짜 강자들 ··· 180
로봇, 심해의 보물을 찾다 ··· 186
바이오산업의 비상은 이제부터 ··· 194

제5장
한계를 초월하는 '신의 계산기'
양자컴퓨터

양자컴퓨터, 어떻게 작동하는가	⋯ 209
상용화를 막는 몇 가지 문턱들	⋯ 216
양자컴퓨터 시대의 분야별 강자	⋯ 223
도래할 시대의 또 다른 기술, 양자통신과 양자센서	⋯ 230
양자컴퓨터는 어떻게 세상을 바꿀까	⋯ 234
양자컴퓨터가 반도체 수요를 위협할까	⋯ 236

제6장
당신의 부를 지키는 최후의 방패
사이버 보안

뚫리면 죽는다, 생존을 위한 보안 투자	⋯ 241
글로벌 보안 강자들	⋯ 247

제7장
국가를 넘어선 새로운 부의 이동
민간 플랫폼과 블록체인

누구나 똑똑하게 만들어주는 인공지능의 힘 ··· 259
은행 없는 금융, 직접금융의 시대 ··· 263
저무는 비트코인, 떠오르는 알트코인 ··· 265
새로운 시대를 이끌 알트코인 유망주들 ··· 278

맺음말 당신의 부가 세상의 빛이 되기를 ··· 286

TEN BAGGER

제1장

대체 불가능한 존재들의 전쟁
AI 시대의 생존법

PORTFOLIO

달러 패권은
무너지고 있는가

달러 패권에 대한 의심과 해명

달러 패권은 미국 남북전쟁과 세계대전을 지나며 형성되었다. 남북전쟁에서 북군이 승리하자, 남쪽에서 목화를 따던 노예들이 북쪽 산업기지로 올라와 생산성이 더 높은 제조업이나 곡물 재배에 참여하며 미국 내 산출물이 많아졌다. 이미 화약 기술이 발전해 항만을 더 깊게 파고, 대형 선박들이 항구에 들어올 수 있게 된 때였다. 미국은 생산성 향상으로 인한 잉여 산출물을 커다란 선박에 싣고 유럽으로 수출했다. 미국이 유럽 경제를 잠식하게 된 것이다.

유럽으로 간 미국의 선박들은 돌아오는 길에 사람을 실었다. 기회의 땅인 미국으로 가기를 희망하는 유럽인들이 늘기 시작했다. 돈과 노동력 같은 생산 자원이 미국으로 쏠리게 된 것이다. 반면 미국에 잠식된 유럽 경제는 먹이가 부족해졌고, 다툼이 일어나 세계대전으로 번졌다. 미국은 전쟁터에 무기를 팔았다. 제2차 세계대전이 마무리될 즈음 세계 금의 3분의 2가 미국으로 유입됐고, 그 결과 1944년 브레턴우즈 협정을 통해 금 1온스를 35달러에 고정시키는 금본위제가 출범하며 달러 패권이 시작됐다.

결국 패권이란 누가 지배적으로 부가가치를 만들고, 그것을 이웃 국가에 나눠줄 수 있는 힘을 가졌느냐에 달렸다. 그렇다면 그런 힘을 가진 국가는? 여전히 미국이다. 새로운 부가가치를 만드는 신기술, 사람을 살리는 기술, 인류가 필요로 하는 신소재는 대부분 미국의 대학이나 연구소, 빅테크big tech들이 개발하고 있다. 물론 다른 나라에서 선진기술을 개발하는 사례도 있으나, 그 과학자들 또한 미국 대학에서 공부했거나 미국 신기술의 도움을 받은 경우가 많다.

달러 패권을 의심하는 사람들이 늘어난 가장 큰 이유는 미국의 정부부채 증가 속도가 너무 빨라서다. 정부가 빚을 내려면 국채를 발행해야 하는데 이 국채를 전부 시중에 내다 팔면 가격이 폭락한다. 이는 시중금리를 급등시키는 결과를 가져올 수 있는데, 그런 일을 방지하고자 중앙은행은 신규 통화를 발행하여 국채 발행량의 일부를 산다. 결과적으로 이 과정에서 달러 발행량이 늘어나며 달러 가치가 희석된다. 2008년 금융위기 이후 비트코인이 탄생한 배경도 여기서 찾을 수 있다. "AIG와 같이 실패한 금융기관을 살려주기 위해 미국 정부가 빚을 내고 달러를 발행하는 것을 이해할 수 없다, 우리는 스스로 발권을 통제하여 통화의 가치를 지킬 수 있는 방법을 찾겠다"라는 것이다.

그런데 일본의 정부부채를 보라. GDP 대비 230%를 훌쩍 넘으며 세계 최고 수준을 유지하고 있다. 그럼에도 엔화는 안전통화로 간주된다. 일본인들이 해외에 투자해놓은 민간 자산이 풍부하기 때문이다. 즉 통화의 가치는 그 나라에 대한 신뢰로 결정되므로 정부의 순자산(자산-부채)만 보지 말고 민간의 순자산까지 포함해서 평가해야 한다. 그렇다면 지금 민간 자산이 가장 빠르게 늘어나는 나라는? 미국이다. S&P500이 다른 어떤 나라의 주식 시장보다 높은 증가세를 보이는 것이 그 증거 중 하나다.

물론 일본의 민간 자산은 주로 해외에 있는 반면, 미국인들의 자산은 대부분 미국 내에 있다. 즉 일본인들이 해외 자산을 팔아 국내로 들여오면 엔화의 가치는 달러 매도 및 엔화 매수로 인해 크게 오를 잠재력이 있는 반면, 달러는 그렇지 못하다고 이야기할 수도 있다. 그러나 현실적인 이야기는 아니다. 지금 돈이 가장 잘 일할 수 있는, 즉 효과적으로 투자될 수 있는 나라는 미국이다. 미국이 미래 신기술을 주도하고 있기 때문이다.

우리는 미래를 변화시키는 기술에 투자하려 하고, 그 대표기업들은 미국에 상장되어 있다는 점을 주지하며 달러의 가치를 논해야 한다. 역사적으로 미국의 GDP는 글로벌 GDP의 25~28%를 유지해왔으며 지금도 그 범주 안에 있다. 즉 국가들의 경제 펀더멘털^{fundamental}을 비교해봐도 달러가 약세를 보일 이유를 발견하기 어렵다. 또한 미국 정부의 빚만 증가하는 것도 아니다. 2018년부터 2023년까지 5년간, 중국 중앙정부 및 지방정부의 빚은 61% 증가했다. 중앙정부가 현실적으로 책임져야 할 숨은 부채까지 감안하면 93%다. 같은 기간 미국의 정부부채는 55% 증가했다. '장님 나라에서는 한 눈 가진 자가 왕'이란 말이 있다. 미국이 상대적으로 양호하다는 것이다.

세계 GDP에서 미국이 차지하는 비중

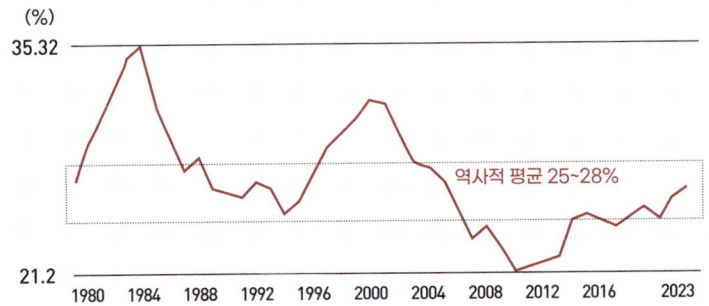

출처 : GlobalEconomy.com

갈등은 부의 불균형에서 비롯

세계 GDP에서 중국이 차지하는 비중이 16%까지 올라왔지만, 중국이 패권에 도전할 때가 됐다고 믿는 사람은 거의 없다. 다른 나라들에 기여하는 바가 미미하기 때문이다. 중국은 수출에 의존해 오히려 다른 나라들의 도움을 받고 있고, 외환과 금융시스템이 원시적인지라 인민폐를 믿고 쓸 수도 없다. 신기술을 선도하는 것도 아니다. 중국에 GDP를 빼앗기고 있는 유럽 국가들은 말할 필요도 없다.

도전 세력이 없는데도 달러 패권을 의심하는 사람들이 있는 이유는 앞에서도 말했듯 미국 정부의 빚 증가 속도다. 즉 미국 국채 발행이 늘어나며 달러가 남발되어 가치가 희석된다는 것이다. 그런데 그렇다 한들 다른 통화에 비해 약세를 보이지는 않을 것이다. 다른 나라들도 미국과 동일한 문제를 갖고 있기 때문이다.

정부를 가난하게 하는 구조적인 요인은 첫째, 인구구조의 불균형이다. 1960년 전후로 태어난 베이비붐 baby boom 세대가 본격적으로 은퇴하고 있다. 가장 두터운 인구층을 형성하고 있는 이 세대가 여태까지는 정부에 세금을 납부했지만 이제는 돌봄을 받아야 하는 입장이다. 반면 은퇴 인구를 보살펴야 하는 젊은 층은 출산율 하락으로 인해 급감하고 있다. 그 결과 재정적자는 불어날 수밖에 없다.

둘째, 2000년대까지의 기술은 인간에게 직업을 제공했다. 즉 기계가 늘어날수록 그것을 작동하는 인간이 더 많이 필요했다. 그러나 인공지능은 사람을 대체한다. 또한 사회 소통망SNS이 발달하여 1등만 살아남는 구조로 사회가 변해가고 있다. 예를 들어 과거에는 한 상권 내에서 여러 빵 가게가 공존할 수 있었다면, SNS에서 평가가 이뤄진 이후에는 특정 가게로 손님이 몰린다. 이런 부의 불균형이 확산될수록 소외된 인간을 돌봐야 하는 정부의 부담은 늘어날 수밖에 없다.

기술로 인해 소외된 인간을 돌보려던 대표적인 나라는 일본이다. 일본은 '평생 고용'을 통해 기계에 의해 대체될 수 있는 인간을 보호했다. 정부의 부담을 기업이 대신한 셈이다. 반면 미국은 '적자생존'을 표방해왔다. 그러나 세계적으로 성장이 둔화한 지금, 미국조차 부의 불균형으로 인한 불만이 비등하고 있다.

결국 부의 불균형에서 쌓인 불만을 나라 밖으로 돌리는 과정에서 갈등이 생긴다. 지난 40년간의 글로벌화 과정에서 미국은 국가 간 비교우위를 강조하며, 경쟁력 있는 나라의 물건을 수입했지만 이제는 소외된 계층에 일자리를 주고자 생산기지를 국내로 옮기려 하고 있다. 그러나 여기서 생기는 비효율을 극복하기 위해 더 스마트한 방법을 찾게 되고, 인공지능을 비롯한 신기술은 그에 대한 해답이다. 그 신기술이 단기적으로는 고용을 잠식할 수 있다. 또한 그 신기술은 남을 이길 수 있는 도구이기도 하다. 즉 인류에게 서로 싸울 수 있는 무기가 손에 쥐어진 것이다.

트럼프의 스테이블 코인 보급과 달러 패권

2025년 7월 17일, 코인 관련 세 가지 법령이 미국 하원을 통과했다. 먼저 지니어스 법Genius Act은 은행 및 금융기관들의 스테이블 코인stable coin 발행을 허용한다는 내용이다. JP모건JP MORGAN 등 대형 금융기관들은 자체적으로 스테이블 코인을 발행하고, 신용과 인프라가 부족한 중소 금융기관들은 서클CIRCLE 등 기존 스테이블 코인 인프라와의 제휴를 통해 참여할 수 있다.

디지털 코인은 세계 어디서든 국경의 방해 없이 빠르고 싸게 송금이 가능하다는 장점이 있다. 만약 은행 이용자들이 연 0.5% 정도의 금리를 포기하고 보통예금 등의 계좌 대신 편리한 디지털 계좌를 사용한다면 금융기관들은 그만큼의 이자 수입을 챙길 수 있을 것이다. 이제는 금융기관들도 단순한 예대마진이 아니라 신기술을 통한 편의성을 제공하며 수익을 얻으라는 것이다.

현재 스테이블 코인의 약 99%가 미국 달러에 연동pegging되어 있다. 전 세계 무역 거래의 54%가 달러로 결제되고 각국 중앙은행 외환보유고의 57%가 달러 자산인 것과 비교해보면 코인 시장에서 달러의 지배력은 월등하다. 그렇다면 달러가 스테이블 코인 시장을 독점하는 이유는 무엇일까? 디지털 코인은 국경이 없어야 한다. 따라서 그 담보자산도 국경 간 거래에 있어 규제가 덜한 통화여야 한다. 그런데 엔화, 유로조차 통화의 변동성을 감내하지 못하고 국경 간 통화 거래가 제한될 수 있다. 일본은 수출입이 많아 외환을 통제해야 하는 경우가 종종 생기고, 유럽연합^{EU}은 문제가 발생하는 회원국이 생기면 유로 출입을 통제해야 한다. 결국 미국은 디지털 화폐 시장에서 달러 패권을 극대화하여 달러의 가치를 높이려 하고 있다.

물론 각 나라의 중앙은행들도 그들의 법정 화폐를 담보로 하는 디지털 통회 즉 CBDC(Central Bank Digital Currency)를 개발 중이다. 디지털 화폐 시장을 나눠 갖겠다는 의도다. 그러나 미국은 여기에 반대하고, 그래서 스스로 CBDC 발행을 금지한다. 2025년 7월 17일, 하원을 통과한 코인 관련 법령 가운데 반CBCD 감시국가법안$^{Anti\text{-}CBDC\ Surveillance\ State\ Act}$이 그 내용을 담고 있다. 미국이 CBDC를 발행하지 않으니 너희도 하지 말라는 이야기다. 물론 유엔헌장 제2조 7항에 "어떠한 회원국도 그 국내 관할권에 속하는 사항에 대해 유엔이 간섭하지 않는다"라고 명시되어 있으나 미국은 어떤 나라에도 혼자서 경제적, 군사적 제재를 가할 수 있다.

현재, 달러 가치를 주요 6개국 통화와 비교한 DXY 지수는 역사적 평균$^{(95~100)}$ 사이에 머물고 있다. 미국이 부의 불균형을 방치했다가 국가채무가 늘어 달러 약세 압력을 받고 있는 것은 사실이다. 그러나 돈이 가서 일할 수 있는 곳, 즉 신기술이 가장 많이 태동하는 곳이 미국이라는 점과 달러 패권 유지를 위한 정치적인 움직임을 감안하면,

달러 가치가 현재 수준에서 크게 약화하지는 않을 것이다.

미국 달러 가치 지수(DXY 지수)

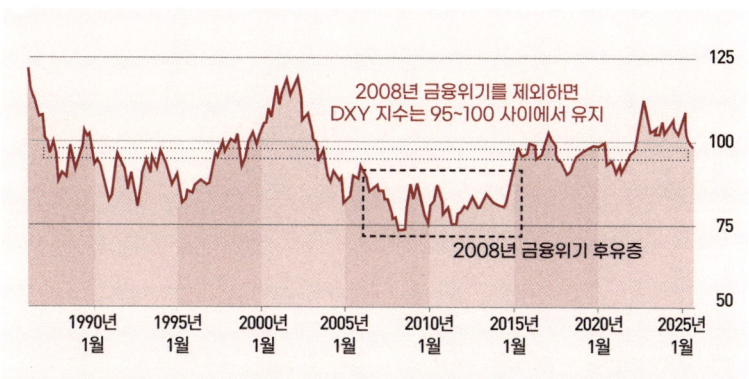

참고: DXY 지수는 미국 달러 가치를 주요 6개국 통화와 비교한 상대 지수(1973년 3월 = 100)
(기준이 되는 통화의 비중은 유로 58%, 엔화 14%, 영국 파운드 12%, 캐나다 달러 9%, 스웨덴 크로나 4%, 스위스 프랑 4%가량)
출처 : Market Watch

신냉전 시대의 승부를 가를 무기, 계산능력

소련이 미국에게 진 이유, 계산능력

제2차 세계대전 이후 미국과 소련 모두 우주를 장악하고 싶어 했다. 대륙 간 탄도미사일^{ICBM}이 승부를 결정지을 수 있음을 알았기 때문이다. 소련은 미국에 비해 자원이 부족했고, 그 한정된 자원을 하드웨어, 즉 로켓 추진에 집중한 결과 1957년 10월 4일에 인류 최초의 인공위성 '스푸트니크^{Sputnik}'를 쏘게 되었다. 로켓을 제어하는 컴퓨터는 대부분 IBM 기종을 불법 복제했다고 한다. 사람의 경험이 누적된 아날로그 기계(하드웨어)는 복제가 어려운 반면, 디지털 소프트웨어는 쉽게 복제할 수 있다고 판단했던 것이다.

그러나 이는 오판이었다. 미국은 제2차 세계대전을 거치며 승부를 결정지을 수 있는 도구가 '해킹을 통한 첩보활동', '무기를 목표물에 정확히 떨어뜨릴 수 있는 계산능력'임을 깨달았고, 하버드 마크 I$^{Harvard\ Mark\ I}$(1944년), 에니악^{ENIAC}(1945년), 에드박^{EDVAC}(1951년)과 같은 세계 최초 전자식 컴퓨터를 개발했다. 1947년 AT&T 산하 벨 연구소$^{Bell\ Labs}$에서는 반도체의 초기 모델인 트랜지스터가 탄생했다. 그 당시 컴퓨터나 반도체는 주로 무기의 탄도 계산을 위해 개발됐고 인공위성에도 적용됐다. 우주선 발사 및 활동에는 복잡한 궤도 계산이 수반되는데, 소련 우주선은 첫걸음은 빨랐지만 이후 계속 착륙에 실패하는 반면 미국 인공위성은 철저한 시뮬레이션을 통해 우주를 정복하며 패권을 차지할 수 있었다.

1991년 12월 26일, 연방 붕괴 시 소련의 장성들은 우리가 미국에 진 이유는 계산능력 때문이라고 고백했다. 그렇다면 미국이 왜 중국을 반도체에 접근 금지시키려고 하는지 이해가 될 것이다.

미국의 압박에 대한 중국의 대응이 불러올 변화들

미국의 정부부채가 증가하며 달러가 남발된다는 것, 그럼에도 달러가 다른 통화에 약세를 보이지 않으리라는 것은 앞서 설명했다. 이는 결국 세계적으로 화폐가치가 하락하고, 인플레 압력이 높아진다는 뜻이다. 그렇다면 인플레를 잠재울 생산성 개선이 필요하다. 'Mater artium necessitas(필요는 기술들의 어머니다)'라는 고대 라틴어 격언처럼 수요는 기술을 창조한다. 인공지능도 인플레를 잡기 위해 자연발생적으로 등장했는지 모른다. 그런데 인공지능은 발전된 계산능력이며, 그렇기에 새로운 패권을 결정할 수 있다. 즉 싸움의 도구인 것이다.

사실 미국은 중국에 잘못을 저지른 바 있다. 2008년 금융위기 이후 미국은 3번에 걸쳐 1조 달러씩, 모두 3조 달러를 풀었다. 그 숨겨진 의미는 미국 홀로 세계를 이끌어가기는 역부족이므로, 중국을 포함한 아시아도 투자를 통해 힘을 내어달라는 것이었다. 3조 달러 가운데 1조 달러는 중국으로 유입되었고, 또 다른 1조 달러도 아시아를 비롯한 미국 이외 지역으로 흘러들었다. 중국은 그 돈으로 생산설비를 짓고, 도시 인프라를 구축했다. 그런데 미국이 이기적으로 돌변했다. 관세를 부과하며 중국 물건 수입을 규제한 것이다. 중국은 생산시설을 가동하려면 내수를 확대하거나 미국 이외의 지역으로 물건을 밀어내야 하고, 그것이 여의치 않으면 가동되지 않는 생산시설을 해체해야 한다. 미국에 대한 중국의 배신감은 극에 달했을 것이다. 중국 정부는 비효율적으로 변해버린 기존 시설을 부수는 대신 가장 효율적인 시설로 극적인 변화를 도모하고자 한다. 그리고 그것은 틀림없이 인공지능 기술을 기반에 두고 있을 것이다. 그렇다면 중국이 인공지능 중심으로 급격히 방향을 틀 때 세상에는 어떤 변화가 찾아올까?

첫째, 사회주의 체제의 중국에서 민간 중심의 디지털 경제가 먼저 싹틀 수도 있다.

중국도 과거의 소련처럼 미국에 비해 상대적으로 적은 자원을 갖고 있다. 반도체 등 신기술에서 미국에 의존하는 처지인데, 미국은 중국으로의 자금 유입마저 제한할 가능성이 있다. 중국을 경유한 자금을 두고 미국이 수상하니 조사하라고 하면 중국과 연루된 자금은 느리고, 복잡하고, 높은 비용을 지불하게 된다. 그렇다면 중국은 제한된 기술과 돈을 가장 효율적인 곳에 집중할 것이고, 그 분야는 인공지능이다. 즉 중국은 인공지능 발전에 매진할 것이다.

문제는 인공지능이 부의 불균형을 조장한다는 것이다. 더 적은 인원으로도 더 많은 생산이 가능하다. 사회주의를 표방하는 나라로서는 어색한 체제다. 또한 인공지능을 미국과 똑같은 방법으로 적용한다면 미국을 따라잡기 어려울 것이다. 그렇다면 중국은 어떻게 대응할까? 중국에 많은 것은 사람인데, 인공지능은 사람을 스마트하게 만들 수 있다. 만일 중국 정부가 인공지능을 대중이 쉽게 다룰 수 있는 인프라로 공급하고, 대중이 그 인프라를 통해 스스로 부가가치를 만든다면 폭발적인 성장이 가능할 것이다. 사실 이런 제도권의 규제에서 벗어난 민간 중심의 경제는 우리나라를 포함한 모두에게 필요하지만, 회복이 더 절실한 중국에서 선도적으로 생겨날 수 있다.

그런데 민간이 인공지능을 통해 서로의 필요를 해소하는 과정에서 돈을 벌어 성공하는 사람들과 실패하는 사람들이 나뉘면, 사회주의가 위협받을 수 있다. 이 경우, 중국 정부는 사회안전망을 강화하는 데 주력할 것이고, 결과적으로 중국의 체제는 '수정 사회주의'라고 표현할 수 있는 '수정 자본주의'에 가까워질 것이다.

문제는 과연 중국이 이런 체제를 수용할 것이냐다.

미국에는 중국계 천재들이 많다. 그러나 그들의 국적은 미국이며, 미국을 위해 일한다. 그들은 중국에서 사업을 할 수 없어서 미국으로 왔다. 공산당의 한마디에 내일이 어떻게 될지 모르는 상황에서 무슨 사업을 한단 말인가! 만일 그들이 중국으로 돌아와 일을 할 수 있게 된다면 패권의 무게중심이 서서히 중국으로 움직이기 시작할 것이다. 그때 본격적인 중국 투자도 가능해진다. 2010년대부터 중국에 투자하자고 목소리를 높였던 레이 달리오는 좀 성급했다.

둘째, 유가가 급락하며 인공지능 도입 비용을 상쇄할 수도 있다.

중국은 석유 소비의 70%를 수입에 의존한다. 믈라카해협을 건너 오는 것이 최단 수입 경로인데, 만일 믈라카해협이 봉쇄된다면 유조선은 호주 남쪽을 돌아와야 한다. 이는 사실상 불가능하다. 중국이 신재생 에너지에 적극적이었던 이유도 에너지 안보를 위해 석유 의존도를 낮추기 위함이었다. 그런데 인공지능은 전기로 구동된다. 전기가 더 절실하게 필요해진다. 그렇다면 중국은 소형 원자로^{SMR}(Small Modular Reactor) 관련 규제를 완화하며 그것을 적극적으로 받아들일 가능성이 있다. 중국은 4세대 소형 원자로 가운데 고온 가스로^{HTGR}(High-Temperature Gas-cooled Reactor)에 높은 관심을 갖고 있고, 칭화대학교에서는 이미 시험 가동 중이다. 중국의 에너지원 비중이 원자력으로 급격히 이동하면 유가는 타격을 받을 수 있다. 그동안 중국은 미국을 견제하고자 산유국인 러시아 및 중동과 협력해왔는데 그렇다면 인공지능 도입 과정에서 그들과 갈등을 빚게 될까?

원유 선물가격은 전통적으로 백워데이션^{backwardation}(장기 선물가격이 단기 선물가격보다 낮은 이례적인 현상)을 보였다. 그 이유는 석유가 주 에너지원이므로 빨리 받아 가면 높은 이윤을 남길 수 있어 수요가 강했기 때문이다. 즉 단기 수요 초과 현상에 따른 프리미엄이 장기적으로 원유를 보관하는 비용보다 컸기 때문에 이런 가격 역전 현상이 발생했다. 그만큼 산유국들의 협상력이 강했다고도 볼 수 있다. 그러나 2010년대 미국의 셰일^{shale} 가스 생산이 본격화되고, 또 노후 유조선을 활용하는 등 원유 저장 방법이 다양해진 이후 원유 선물가격은 콘탱고^{contango}로 정상화되었다. 이는 산유국들의 협상력이 약화되었음을 의미한다. 러시아는 중동을 비롯한 산유국들과의 결집을 통해 OPEC+를 형성하며 잃어버린 협상력을 되찾으려 하지만 쉽지 않다.

산유국들의 협상력은 이미 상처를 입었다. 만일 중국이 인공지능으로 급선회해서 에너지 패권이 석유에서 전기로 이동하고, 소형 원자로 보급이 규제를 극복하고 구체화되어 전기공급이 시간과 장소를 가리지 않고 충분해지고, 배터리 기술 혁신으로 석유 자동차에서 전기 자동차로의 전환이 본격화되면 유가는 급락할 수 있다. 중동에는 채굴 원가가 배럴당 10달러 미만인 저렴한 광구도 수두룩하다. 즉 수요가 위축되기 시작하면 먼저 뽑아 먹는 쪽이 승리자다.

인공지능 서비스 전력공급에 필요한 소형 원자로 도입 시 인프라 구축을 위해 초기 원가 부담이 있을 수 있다. 그러나 소형 원자로가 보급된다는 소문만 들려도 유가가 먼저 급락해서 인공지능 도입 초기 비용 부담을 상쇄해줄지도 모른다. 유가가 배럴당 50달러 이하로 급락할 경우 러시아, 중동 등 산유국들이 얼마나 버틸지는 모르겠다. 한쪽에서는 인공지능이 만드는 르네상스를 즐기는데 다른 한쪽에서는 모라토리움을 선언할 수도 있다. 이런 상황도 신냉전의 일부로, 세계 증시에 돌발 위험이 될 수도 있다.

인공지능은 거품인가?

1990년대 말부터 2000년대 초반까지 떠돌던 '인터넷이 세상을 바꿀 것이다'라는 기대는 거품이 되어 붕괴했다. 사람은 기존의 습관을 바꾸기 싫어한다. 물론 인터넷은 좋은 것임을 당시에도 알았지만 반드시 있어야 할 필요를 깨닫지 못했다. 2007년 애플APPLE 아이폰이 등장한 후 사람들이 어디서든 인터넷에 접근할 수 있게 됐고, 그제야 본격적으로 인터넷의 시대가 열렸다.

모건스탠리MORGAN STANLEY에 따르면 2024년 말까지 인공지능 인프라에 1조 5000억 달러가 투자됐고, 향후 3~4년간 그것의 2배에 달하는 추가 투자가 이어질 것이라고 한다. 그러나 인공지능이 상업용 서비스로 출시되지 못하거나 지연되면 IT 버블처럼 터질 수 있다는 경고도 나온다. 자율주행을 비롯한 인공지능 기반 서비스가 좋은 것은 소비자들도 알지만 관련 예산이 하늘에서 떨어지는 것은 아니다. 그렇다면 '인공지능 서비스가 다른 분야의 비용을 절감시켜야' 그 돈으로 인공지능 서비스를 받을 수 있다. 과연 가능할까? 우선 자율주행이 실현화될 때 경비가 얼마나 절감되는지부터 살펴보자.

자율주행 인프라가 구축되면 자동차가 스스로 돌아다니며 여러 사람을 태울 수 있다. 즉 자동차 공유가 가능해진다. 차를 나눠 쓰고 싶은 사람들끼리 모여 자동차를 구입하고, 차 이용 시간만 플랫폼에 표시하면 된다. 주차할 필요도 줄어들고, 자동차 유지 및 관리도 플랫폼에 맡길 수 있다.

두세 사람이 자동차를 공유한다고 생각해보자. 미국의 경우 자동차 관리비가 가계지출에서 차지하는 비중은 16%라고 한다. 그 가운데 연료비는 3%이며, 나머지 13%가 차량의 감가상각비 및 보험료다. 두 사람이 차를 나눠 쓴다고 가정하면 고정비 성격의 13%를 절반씩 절감할 수 있다. 그렇다면 가계지출에는 6.5%의 여유가 생긴다. 인공지능 서비스를 이용하는 데에는 가계지출의 2~3%만큼의 비용이 추가될 것으로 분석된다.

한편 인공지능은 실시간 서비스가 필요한 경우가 많으므로 초고속 통신 인프라 구축이 필요하다. 현재 미국의 가계지출 가운데 통신비가 차지하는 비중은 4% 정도인데 5세대, 6세대 초고속 통신 인프라를 구축해 서비스하려면 그 비용이 2배가 될 것이라고 한다. 즉 가계지출의 4%가 추가로 초고속 통신 인프라를 위해 더해지는 셈이다.

결국 인공지능 서비스를 초고속으로 이용하려면 미국인들은 가계지출의 6~7%를 지불해야 하는데 그 비용은 자율주행에 따른 자동차 운영비용 절감만으로 커버할 수 있다. 인공지능 서비스가 가져올 다른 편익까지 감안하면 인공지능의 도입은 '비용 절감 혁명'에 가깝다. 즉 얼마든지 도입할 만한 금전적 매력이 있다는 것이다.

인공지능이 거품인지를 다른 측면에서도 살펴보자. 미-중 갈등은 이미 시작됐다. 두 국가가 화해할 수 있을까? 어려울 것이다. 사람이 반려견과 매우 친한 모습을 SNS를 통해 자주 본다. 왜 그럴 수 있을까? 개가 주인에게 완전히 의존적이기 때문이다. 만일 개가 주인으로부터 조금만 독립할 수 있어도 그런 친밀한 관계는 기대하기 어렵다.

글로벌화 과정에서 중국은 미국에 의존하며 성장했지만 이제는 머리가 굵어졌다. 갈등은 더 깊어질 수밖에 없고, 이미 신냉전으로 접어들었다. 앞서 언급했듯이 중국은 경쟁력을 회복하고자 인공지능으로 급선회할 것이다. 그렇다면 미국은 더 빨리 뛰어야 한다. 이런 상황에서 인공지능 개발을 잠시 쉴 수 있을까? 그들의 질주는 양자컴퓨터까지 이어질 것이다.

> **IT 붐과 인공지능 붐의 차이**
>
> 1990년대말 인터넷 보급에 따른 IT 붐^{boom} 시대는 투자 부담이 지금처럼 크지 않았다. 인터넷 홈페이지를 만드는 데는 큰돈이 들어가지 않는다. 반면 인공지능에는 이미 데이터센터를 비롯해 막대한 자금이 투자됐다. 만일 인공지능 보급 속도를 늦출 경우 이미 투자된 고정비 부담을 견디지 못하고 많은 기업이 도산하는 사태가 속출할 수 있고, 세계경제는 이를 견딜 수 없을 것이다. 즉 인공지능은 '돌아올 수 없는 다리'를 건넌 셈이다. '달리는 자전거'이므로 속도를 늦출 수 없다. 2008년, 사실상 도산한 AIG를 회생시킬 때 'too big to fail(망하게 두기에는 너무 크다)'이란 표현이 사용됐는데 이것과도 비슷하다.

순간적으로 거품이 붕괴된다면?

1990년대 IT 투자와 2020년대 인공지능 투자의 공통점은 모두가 같은 이야기를 하며 주식을 산다는 점이다. 2000년대 초반, '닷컴 버블' 붕괴 직전의 대표적인 특징은 적자를 내고 있는 미래 성장주가 흑자를 내는 기업들보다 더 크게 올랐다는 것이다. 그런데 지금이 그렇다. 미국의 소형주 지수인 러셀 2000^{Russell 2000}에서 AI 관련 적자 기업들이 금융, 통신 등 흑자 기업을 계속 이기고 있다. 모두가 과매수한 상황인데 탈출구는 좁고, 사람들의 탐욕과 공포는 예나 지금이나 비슷하다.

순간적인 거품 붕괴 가능성을 아예 배제할 수는 없다. 그렇다면 우리는 무엇을 믿고 견딜 것인가? 인류가 이대로 살 수 없다는 점을 믿고 견뎌야 한다. 첫째, 세계적으로 노동 가능 인구가 2010년대 후반부터 감소하기 시작했다. 대신 로봇이 일을 해야 한다. 둘째, 미국을 비롯한 선진국들도 이제는 생산을 해야 한다. 그런데 인공지능은 높은 인건비를 극복할 수 있는 방법이다. 셋째, 세계경제는 그동안 과도한 성장으로 인해 빚과 비효율이 누적된 상태다. 궁극적으로 빚은 투입량 대비 산출량이 적을 때 발생한다. 즉 그동안의 성장이 효율적이었다면 빚이라는 부담은 없었을 것이다. 인공지능은 이런 비만을 제거할 수 있는 효율성을 제공하는 도구다.

결국 세계경제가 지속적인 성장을 하려면 불가피하게도 인공지능이라는 도구를 사용해야 한다. 그리고 세계는 신냉전으로 돌입했다. 되돌리기에는 늦었다. 경쟁에서 이길 수 있는 도구는 인공지능이다.

설령 2000년대 초 IT 거품 붕괴 같은 시나리오가 전개되더라도….

신기술 개발이 예상보다 길게 이어지고, 석유 재벌들의 로비에 의해 전기 보급 인프라 구축이 느려질 경우 인공지능 관련주들이 무너질 가능성을 전혀 배제할 수는 없다. 그러나 증시는 기대를 사고파는 곳이다. 어차피 인공지능이 갈 수밖에 없는 길이고, 이제 시작임을 지각한다면 투자는 편안해진다. 예를 들어 1999년 말에 58달러였던 마이크로소프트의 주가는 2000년 말에 24달러까지 폭락했다. 주가가 반토막났다. 그러나 2025년 현재 주가는 500달러를 넘었다. 설령 고점인 58달러에 사서 반토막이 났다 해도 계속 보유하고 있었다면 연평균 주가 상승률은 (복리로) 9.0%이며, 여기에 배당 수익률(연평균 2%)을 더한 전체 수익률은 연평균 11%에 달한다. 25년간 복리로 11% 수익이라니, 놀라운 수치다.

신냉전은 증시를 얼마나 끌어올릴까?

제2차 세계대전 후 냉전 시기였던 1950년대에 과학은 꽃을 피웠다. 1953년, 인체 염기서열[DNA]의 이중 나선 구조가 발견되었고, 이는 분자생물학의 혁명으로 이어졌다. 트랜지스터가 상용화되고 집적회로[IC]로 이어지며 반도체산업의 기틀이 마련됐고, 그 결과 트랜지스터 컴퓨터가 출시되어 현재의 개인용 컴퓨터의 시초가 되었다. 1954년에

1950년대 냉전 시기 다우존스 지수 상승세

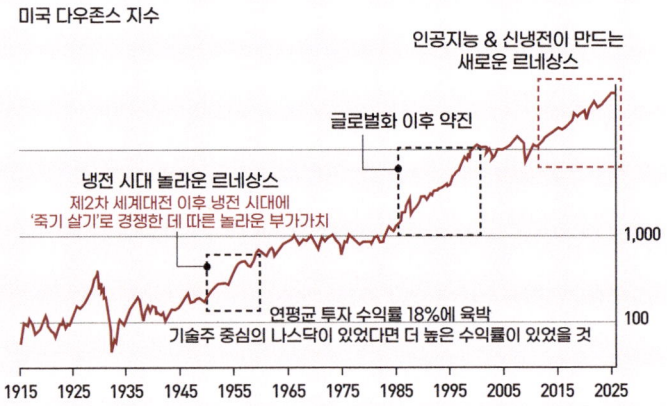

출처 : Macrotrends

는 소련 오브닌스크에서 세계 최초의 상업용 원자력 발전소가 가동됐다. 인류에게 혁신적인 에너지가 소개된 것이다. 1957년에는 소련에서 스푸트니크 1호가 발사됐는데, 이것이 인류 최초의 인공위성이다. 그 이듬해인 1958년에는 미국에서 나사NASA가 설립됐다. 인류가 위성을 통해 통신, 내비게이션, 날씨 및 재해 예측 등 다양한 혜택을 누리게 된 것이다.

이런 놀라운 과학의 발전은 냉전 시대에 '죽기 살기'로 뛴 결과다. 다우지수는 1950년 초반 200 수준에서 GE, AT&T와 같은 기술주에 힘입어 1959년 말에는 679로 급등했다. 복리로 연평균 13% 오른 셈이다. 여기에 배당 수익률(연평균 5%)을 더하면 1950년대의 주식 투자 수익률은 연평균 18%에 달한다. 1950년대 미국의 명목 GDP 성장률이 연평균 6.2% 수준임을 감안하면 증시의 상승폭이 월등했음을 알 수 있다. 만일 당시에 나스닥과 같은 기술주 중심의 주가지수가 있었다면 투자 수익률은 훨씬 높았을 것이다.

신냉전 시대에 인류는 다시 '죽기 살기'식 경쟁을 이어갈 것이며, 그 도구인 인공지능이 만들 르네상스에서는 어떤 기업들이 세상을 바꿀 주인공이 될지 관심을 가져볼 만하다.

인공지능은 노동력을 대체할 수 있다. 그에 따라 사람도 다른 직업을 찾아야 한다. 인공지능에 우수한 데이터를 먹여 효과적으로 일을 시키며, 의도된 대로 작동하는지 점검하는 일이 좋은 예다. 그러나 아직 이런 준비는 되어 있지 않아 단기적으로 마찰적 실업은 불가피해 보이며, 그럴수록 중앙은행은 금리를 낮추며 돈을 풀 것이다. 인공지능 서비스가 보급될수록 생산성이 개선되며 인플레 압력을 크게 낮출 텐데, 그럴수록 중앙은행이 돈을 풀기는 수월하다. 그 돈들은 인공지능을 비롯한 신기술주로 유입되며 더 큰 성장의 기대를 부를 것이다. 바야흐로 신기술 성장주의 시대가 도래하는 것이다.

TEN BAGGER

―― 제2장 ――

부의 지도가 바뀌는 최전선
AI 반도체와 소프트웨어

PORTFOLIO

인공지능
춘추전국시대

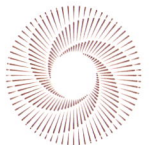

    오늘날 딥러닝^{deep learning}을 비롯한 인공지능의 선구자는 제프리 힌턴^{Geoffrey Hinton}이다. 그는 심리학자로 경력을 시작했다. 인공지능을 단순한 계산 용도가 아니라 인간의 뇌를 연구하는 연장선에서 개발한 것이다. 카네기멜런대학교 재직 시절 그는 연구 자금을 대던 국방업체들이 그의 인공지능을 무기 개발에 사용하자, 회의를 느끼고 캐나다의 토론토대학교로 넘어왔다. 그곳에서 그의 제자들과 함께 DNN 리서치^{DNN RESEARCH}를 창업했고, 2013년에 구글은 그 회사를 6.2조 원(44억 달러)에 인수했다. 인공지능의 초기 주도권을 구글이 잡을 수 있었던 이유다. (한편, 제프리 힌턴은 토론토대학교 교수로 재직 중 구글에서 일하다가 구글도 인공지능을 비윤리적으로 개발하자 퇴사했다.)

2015년, 샘 올트먼$^{\text{Sam Altman}}$과 일론 머스크$^{\text{Elon Musk}}$는 제미나이^{Gemini}, 딥마인드^{DeepMind} 같은 구글의 인공지능을 따라잡기 위해 오픈AI$^{\text{OPEN AI}}$를 창업하고 공동연구를 시작했다. 그런데 오픈AI가 단순 연구 목적에서 상업용 AI로 발전하자 테슬라 자율주행과의 이해 상충을 우려한 일론 머스크는 2018년에 오픈AI를 탈퇴하고 독자 노선을 걸었다. 그는 범용 인공지능보다는 자율주행 및 휴머노이드에 특화된 인공지능에 주력했다. 그 이듬해인 2019년에는 마이크로소프트가 오픈AI에 집중 투자하며 이 기업의 경영을 주도하게 되었다.

한편 메타^{META}도 이들을 견제하고자 2023년 2월 라마 1$^{\text{LLamA 1}}$을 출시했다. 누구나 무료로 쓸 수 있는 오픈소스로, 특히 의료, 과학, 법률 분야의 용어들을 잘 소화하여 과학자들이나 특정 기업들이 자신의 데이터를 학습시켜 원하는 결과를 얻는 용도로 탁월하다. 메타는 우선 사용자를 확대하여 인공지능 표준의 한 축으로 자리 잡는 것을 목표로 하고, 수익화는 그다음으로 생각하는 것으로 보인다.

이 밖에도 틈새시장에서 활동하는 스타트업들이 많이 있다. 앤트로픽^{ANTHROPIC}은 오픈AI에서 탈퇴한 멤버들이 2021년에 설립했다. 성장하는 데 눈이 멀어 오픈AI가 개발하는 인공지능이 오답을 남발하고, 비윤리적인 답변을 서슴지 않는 데 회의를 느낀 것이 창업한 이유다. 그들은 아마존^{AMAZON}의 AWS(Amazon Web Services)와 제휴하여 클로드^{Claude} 시리즈를 소개했다. 한편 퍼플렉시티^{PERPLEXITY}는 텍스트 답안을 제시하기보다 (구글처럼) 검색엔진이지만 인공지능을 활용하여 추천 사이트를 더 정확하게 소개해준다. 이 과정에서 인공지능은 챗GPT^{ChatGPT}를 포함하여 다양한 외부 엔진을 활용한다.

이런 미국 업체들의 인공지능 시장 장악을 견제하고자 프랑스의 미스트랄 AI^{MISTRAL AI}가 메타의 라마처럼 오픈소스로 출시됐지만 영향력은 미미하다. 또한 또한 중국에서도 바이두^{BAIDU}의 어니^{Ernie}, 알리바바^{ALIBABA}의 큐웬^{Qwen}, 화웨이^{HUAWEI}의 판구^{Pangu}, 바이트댄스^{BYTEDANCE}의 바이트댄스 AI^{Bytedance AI} 등이 출시됐지만 공산당의 검열 아래에 있으므로 중국 내로 범위가 제한된다.

인공지능 개발의 중심, 반도체

GPU를 통한 비약적인 계산속도 향상

전통적으로 컴퓨터의 뇌는 CPU(Central Processing Unit)가 맡아왔다. 고전적인 CPU는 한 가지 명령을 순차적으로 처리하는 직렬 구조인데 계산능력 향상을 위해 (슈퍼스칼라, 멀티코어 등의 개념으로 진화하며) 여러 기능을 동시에 수행하는 능력을 갖추게 됐다. 그런데 인공지능 기술을 개발하고 사용하려면 엄청난 양의 데이터를 짧은 시간 안에 처리해야 하므로 CPU만으로는 역부족이었다. 그래서 도입된 것이 GPU(Graphics Processing Unit)이다. GPU는 원래 게임산업에서 3차원 그래픽을 표현하고자 개발되었다. 2차원 화면에 3차원을 표현하려면 좌표, 조명, 재질 등 여러 변수를 동시에 고려하여 조합해야 한다. 즉 GPU는 각 변수를 병렬로 놓고 계산한다.

예를 들어 자동차를 만들 때 한 사람이 철판 자르기, 용접, 나사 조이기, 도색 등을 모두 처리하는 방식이 CPU에 해당한다면, 단순 반복 작업을 하는 많은 기능공을 두고 분업을 시킨 후 조립하는 방식이 GPU다. 즉 (나사 조이는 사람은 여러 자동차의 나사만 조이듯이) GPU 내 각 유닛은 하나의 명령을 여러 데이터에 적용^{single instruction, multiple data}하는 생산성을 갖는다. GPU는 엔비디아^{NVIDIA}가 1999년 8월에 처음 소개했으며, 역시 엔비디아가 2006년 인공지능 플랫폼 쿠다^{CUDA}를 출시하며 인공지능 계산용으로 본격 사용됐다.

한편 인공지능에서 문제가 되는 것이 많은 데이터를 처리할 때 데이터가 순간적으로 쏠리는 병목현상이다. 이를 방지하기 위해 여러 코어로 데이터를 분산시켜주는 프로세서도 있는데, 그것이 바로 DPU(Data Processing Unit)다. DPU는 데이터의 저장 및 출력, 압축 및 해제 등 CPU가 하는 일 중 일부를 대신하여 CPU의 처리 속도를 높인다. 또한 TPU(Tensor Processing Unit)라는 칩도 있다. 구글이 만든 반도체로, 병렬처리 속도가 획기적으로 높아 인공지능 딥러닝 계산에 특화되어 있다. 즉 인공지능 연산의 기본은 GPU이며, 엄청난 양의 계산을 적은 에너지로 빠르게 할 때는 TPU를 사용한다.

뇌의 학습기능과 반도체

인공지능은 복잡한 데이터를 학습하고 그 사이에 숨겨진 패턴을 찾는다. 수학의 방정식은 정확한 답을 찾는 데에는 효율적이지만 설명하지 못하는 부분이 너무 많다. 반면 인공지능은 수학적으로 표시할 수 없는 비선형 영역까지 설명할 수 있는 장점이 있다. 이런 놀라운 계산능력은 뇌의 기능에서 따온 것이다.

뇌의 기본 단위는 뉴런과 시냅스다. 인간이 감지한 정보는 뉴런과 뉴런 사이를 연결하는 시냅스의 연결강도 패턴에 따라 저장된다. 뉴런은 수많은 시냅스의 정보들을 병렬로 놓고 연결 지어 계산하며 작은 패턴을 찾는다. 만일 비슷한 정보가 자주 들어오면 시냅스가 활성화되어 가중치가 높아지며, 나중에 유사한 자극이 다시 입력됐을 때 뉴런은 더 크게 반응한다.

날씨를 예측하는 인공지능을 생각해보자. 예측을 위한 변수로 1) 온도, 습도, 기압, 풍속 등 대기의 상태, 2) 구름의 상태나 에너지 흐름, 3) 지표면 온도 및 해수면 온도, 4) 지형 등을 놓고 이들 변수가 결합해 날씨에 미치는 영향을 학습할 수 있다. 즉 변수들을 병렬로 놓고 계산하다 보면 각 변수 간 어떤 조합이 나타났을 때 미래에 어떤 날씨가 찾아오는지가 패턴처럼 나타난다. 이것이 뇌에서 뉴런과 시냅스가 하는 역할이며, 인공지능 학습에서는 GPU가 이 계산을 담당한다.

  한편 부분적인 패턴을 찾으면 더 큰 패턴의 판단(계산)으로 진행시켜야 한다. 뇌에서는 전전두엽이 그 기능을 맡는다. 이를 위해 작은 패턴을 잠시 저장하고 다음 단계로 넘어가야 하는데 그 역할을 하는 반도체가 D램 Dynamic RAM이다. 문제는 D램이 CPU나 GPU보다 느려서 병목현상이 생길 수 있다는 것이다. 이를 해소하고자 S램 Static RAM이 계산에 필요한 데이터를 임시로 미리 저장하고 빠르게 읽을 수 있도록 도와주는 역할을 한다. 특히 똑같은 계산을 반복할 필요 없이 임시로 미리 저장한 계산값(정답)을 주어 불필요한 계산을 방지한다. 뇌에서 모든 연산이 끝나 확정된 패턴을 분류하고 그중 일부를 분류해 장기기억으로 만드는 곳은 해마인데, 인공지능에서 낸드 플래시 메모리 Nand flash memory는 오래 기억할 필요가 있다고 판단된 장기기억 데이터를 저장하는 역할을 하는 반도체이며, 낸드 플래시 메모리를 모아놓은 덩어리가 SSD다.

  이렇게 인공지능의 학습기능에는 다양한 기능성 및 메모리 반도체가 필요하다. 기능성 반도체 설계는 엔비디아가 거의 독점하며 수혜를 누려왔다. AMD도 GPU 시장에 참여하고 있으나 엔비디아와 AMD의 점유율은 9:1 수준으로 엔비디아의 독주 상태다.

인공지능 추론에 더 필요한 반도체는?

인공지능 학습이 마무리된 후 현장에서 이뤄지는 서비스가 '추론'이다. 예를 들어 자율주행을 학습시켰다면 현장에서는 이미 학습한 패턴과의 차이만 비교, 판단, 제어하면 된다. 휴머노이드의 경우도 자극을 받은 로봇이 학습된 내용을 바탕으로 빠르고 정확하게 대응하기만 하면 된다. 즉 학습을 위해서는 데이터센터와 많은 기능성 반도체가 필요하지만, 인공지능의 추론 서비스 과정에서는 ASIC, FPGA 등 제한적인 기능을 하는 반도체가 주로 사용된다.

ASIC(Application-Specific Integrated Circuit)는 특정 목적의 작업만 반복하는 집적회로를 뜻한다. FPGA(Field-Programmable Gate Array)는 몇 가지 포괄적 기능을 할 수 있는 잠재력을 갖고 있는 반도체로, 설계자가 특정 목적으로 구체화시킬 수 있다. 마치 줄기세포와 비슷하다.

학습에 사용한 GPU, TPU도 단순한 기능을 하는 ASIC, FPGA 등의 반도체들을 조합한 구조물architecture이다. 그런데 추론은 ASIC, FPGA 같은 반도체만으로도 해결되는 경우가 많다. 그렇다면 추론 서비스가 늘어날수록 GPU나 메모리 반도체보다는 ASIC, FPGA와 같이 단순 기능을 하는 반도체의 수요 증가 속도가 빠를 수 있다.

GPU 업계의 2인자인 AMD는 2022년, FPGA를 전문 개발하는 자일링스XILINX라는 업체를 인수했다. AMD는 인공지능 학습에 필요한

GPU 시장에서 엔비디아에 일방적으로 밀렸는데 추론 시장에서는 두각을 나타낼 수 있을지 관심을 모으고 있다.

TPU가 GPU, HBM을 대체할까?

구글의 TPU는 단순한 대용량의 (행렬) 계산에 특화되어 있다. 반면 엔비디아의 GPU는 보편적인 계산을 담당한다. 점차 인공지능이 고도화되며 빠른 계산을 요구하다 보니 그런 부분에 특화된 TPU에 관심이 많아지는 것은 사실이다. 마치 반도체 연결 속도 개선을 위해 마련된 표준인 CXL보다 더 속도를 낼 수 있는 부분적 연결에 특화된 AMD의 인피니티 패브릭infinity fabric이나 엔비디아의 NV링크NVLink에 사람들의 관심이 높아지는 것과 같은 모습이다. 그러나 GPU 및 CXL이 새롭게 조명 받지는 않더라도 여전히 인공지능의 계산을 위한 표준임에는 변함이 없다.

한편 TPU는 계산 구조가 단순하여 메모리 데이터를 불러오는 절차가 GPU처럼 복잡하지 않고, 반도체 간 데이터 공유가 가능하여 HBM처럼 여러 도로를 연결하기보다 데이터 공유를 위한 S램 수요가 더 필요하다. 그래서 TPU보급이 확대될수록 HBM에 강점이 있는 하이닉스보다 S램, D램에 경쟁력이 있는 삼성전자의 수혜가 더 크다는 해석이 제기된다.

아직도 인공지능이
우리 뇌를 모방하는 이유

뇌에서 자주 발생하는 신호에 쓰이는 시냅스는 발달한다고 앞에서 언급했다. 그런데 사실 발생 빈도가 낮더라도 자극이 강렬하면 시냅스가 활성화되어 학습 가중치가 높아진다. 반면 사소한 정보들에는 시냅스 반응이 억제된다. 즉 우리 뇌는 쓸데없는 정보를 무시한다. 그렇게 계산량을 줄여 속도를 높인다.

이 원리를 다른 각도에서 설명해보자. 뉴런 내에서의 신호 전달은 전기적이다. 그 안에는 나트륨과 칼륨 이온이 있는데 전기적 신호에 의해 정보가 움직이므로 전달이 빠르다. 그러나 정보를 걸러내는 양은 제한적이므로 단순하다. 뉴런 내 정보 전달이 마무리되면 다음 뉴런으로 정보가 전해지는데 이 과정이 예술이다. 뉴런 간 정보는 세로

토닌, 도파민, 가바, 글루탐산 등 신경 전달 호르몬에 의해 움직인다. 화학적이고 느리다. 그러나 중요한 정보만 처리하고, 쓸데없는 정보는 걸러낸다. 또한 여러 가지 정보를 하나로 요약하거나 추상화시켜 단순한 정보로 만든다. 즉 전달해야 하는 정보의 양을 줄인다. 사람 몸이 화학적 성분이므로 화학물질인 호르몬이 뇌의 수용체에 선택적으로 작용하여 정보를 전달하기 쉬운 형태로 가공하는 것이다.

이 가운데 뇌의 계산속도를 높이는 데 결정적 역할은 뉴런 내 전기적 신호 전달보다 뉴런 간 정보의 축약을 통한 계산량의 축소를 통해 이뤄진다. 컴퓨터가 사람보다 계산은 훨씬 빠르지만 판단은 사람이 더 빠른 이유가 여기에 있다. 따라서 인공지능도 계산 처리량을 줄이는 데 집중하고 있다.

미중 AI 전쟁,
중국의 추격은 가능한가

중국의 딥시크^{DEEPSEEK}는 엔비디아의 GPU를 훨씬 적게 사용하고도 오픈AI에 맞먹는 챗봇을 선보였다. 미국은 GPU를 포함한 인공지능 반도체에 중국의 접근을 제한한다. 그 결과, 중국은 적은 양의 반도체를 특정 분야에 집중해서 성과를 내야 한다. 즉 미국의 인공지능은 어느 분야에도 적용할 수 있는 기술 표준에 가까운 반면, 중국은 하드웨어별로 특화된 인공지능을 얹어 스마트하게 동작시키려는 의도를 갖고 있다. 제조업에서 미국, 일본, 독일 등 선진국들이 원천기술을 갖고 있고, 중국이 그것을 적용한 새로운 생산기술을 개발하는 것과 유사하다.

단, 중국은 반도체 등 자원 부족을 극복하기 위해 극적인 수단을 사용할 것으로 보인다. 그 일환으로 인간의 뇌처럼 가급적 계산을 덜하는 시스템을 개발하고 있다. 딥시크는 계산해야 할 변수를 무작정 늘리지 않았다. 먼저 각 분야의 전문 지식^{domain knowledge}을 갖고 있는 인간이 문제해결에 중요하다고 판단되는 변수만 포함시키고, 진행 과정에서 필요하다고 여겨지는 추가 변수를 더해가는 방식을 썼다. 즉 쓸데없이 모델을 키우지 않겠다는 것이다.

둘째, 데이터 전처리를 통해 인공지능이 잘 학습할 수 있는 데이터만 선별해서 제공했다. 기계가 혼동할 수 있는 정보는 차단하고, 일타강사가 그러듯 도움이 되는 데이터들로만 학습시킨 것이다. 인공지능 과학자들은 데이터가 많을수록 AI 학습에 좋다는 선입견이 있는데 그것이 아님을 보여준 것이다. 그 결과 딥시크는 특정 분야에서 효율적인 모델을 만들 수 있었고, 이는 각 제조업에 반영될 것이다.

트럼프는 한국, 일본, 대만 업체들이 미국에 들어와서 생산 라인을 현지화할 것을 요구한다. 무역적자를 줄이기 위해 경쟁력 있는 생산 인프라를 미국 내에 설립하고 싶은데 이미 경쟁력을 잃은 미국 제조 업체들로는 불가능하고, 생산기술이 있는 한국, 일본, 대만 업체들이 인공지능을 더한 스마트 생산 인프라를 만들어달라는 것이다. 미국은 인건비가 높지만 인공지능의 도움을 받아 생산성을 갖추면 중국의 인건비 경쟁력을 극복할 수 있다는 계산이다. 정말 이런 일이 일어나 중국이 미국에 가격경쟁력조차 뒤지면 돌이킬 수 없어진다.

그러나 중국은 각 하드웨어에 특화된 인공지능 추론 서비스를 개발하여 공격적으로 적용하고 있다. 중국에서 컴컴한 공장^{dark factory}은 새로운 이야기가 아니다. 공장이 어둡다니, 왜일까? 사람이 없기 때문이다. 로봇들만 모여서 작업한다. 특히 유해가스 등이 필요한 생산 현장에서는 사람이 활동하기 어렵다. 그러나 로봇의 활동에는 지장이 없으므로 생산성을 높일 수 있다.

인공지능 개발은 구글, 엔비디아 등 미국 기업들이 선도하고 있다. 그들은 인공지능 모델을 개발 및 시뮬레이션까지 할 수 있는 플랫폼을 갖고 있고 모든 나라가 그것을 사용하므로 그들의 기술이 표준이다. 설령 중국이 미국에 버금가는 인공지능 기술을 개발해도 표준이 될 수 없으므로 쓸모가 없을 것이다. 그렇다면 방법은 압도적인 인공지능을 만드는 것인데 그것은 요원한 이야기이므로 미국의 인공지능 패권을 의심하지 않는다. 단, 중국은 인공지능을 하드웨어별로 최적화하여 그들이 선택한 분야에서만큼은 미국을 이기겠다는 생각이고, 트럼프의 미국은 그것조차 좌시하지 않겠다는 생각이다. 이 싸움의 결과는 두고 봐야 한다.

비윤리적인 인공지능이 제3차 세계대전을 야기할까?

주먹 다툼을 벌이던 양아치가 불리해지면 칼을 드는 것처럼, 국가들도 경쟁을 하다 힘이 없으면 야비한 방법을 쓰게 마련이다. 중국은 미국에 비해 확실히 자원이 부족하므로 인공지능을 비열하게 쓸 수 있다. 인공지능에게 목표를 주고, 수단과 방법을 가리지 말고 달성하라고 명령하는 것이다.

특히 최근 들어 데이터 관리자들이 주목받고 있는데, 앞으로는 챗봇도 정보를 제공하거나 활용할 때 저작권을 신경 써야 한다. 데이터 관리자들은 인공지능이 접근할 수 있는 정보와 요금을 책정하고, 기계가 이용하기 쉽게 정돈해놓는다. 스스로 진화하고자 인공지능은 사람이 가르쳐주는 것 외에도 이 정보를 이용해 손쉽게 자율학습을 할 수 있다. 경쟁에서 이기는 인공지능은 이렇게 만들 수 있겠지만 그 기계가 인간과 어떤 이해 상충을 벌일지는 모른다.

러시아-우크라이나 전쟁에서 드론은 국방 비용의 혁신을 보여줬다. 드론은 작고, 소음도 미미하기 때문에 찾아내기 어렵다. 매우 싸므로 여러 드론으로 공격 임무를 다각화할 수 있다. 즉 작고 싼 드론이 엄청난 가격의 적의 탱크나 시설을 파괴할 수 있는 것이다. 만일 사람이 조종하지 않고 드론이 스스로 학습하여 수단과 방법을 가리지 말고 적의 요새를 무너뜨리게끔 한다면 상상하기 싫은 일이 벌어질 수도 있다.

중국이 제조업 분야의 주도권을 미국에게 빼앗기지 않으려고, 또 국방 분야에서 미국을 위협할 수준으로 올라서려고 인공지능을 비윤리적으로 사용한다면 미국이 이를 좌시할까? 사실 미국이 패권을 가장 값싸게 확인하는 길은 군사력을 사용하는 것일 수 있다. 나머지 모든 나라가 뭉쳐도 당장 미국이 승리할 수 있는 부분이 바로 군사력이다. 이것이 세계경제 및 증시에 남아있는 '만일의 위험$^{tail\ risk}$'이다.

엔비디아는 끝난 주식인가

인공지능을 학습시키는 데는 막대한 GPU가 필요하지만 추론 서비스로 넘어오면 ASIC, FPGA와 같은 단순한 반도체만으로도 소화 가능한 경우가 많다고 앞서 언급했다. 그렇다면 앞으로 GPU 수요는 급감하고 그 시장을 지배했던 엔비디아는 빛을 잃게 될까? 그렇지 않은 이유는 다음과 같다.

첫째, 앞서 소개했듯 자율주행에 따른 자동차 공유 등의 서비스가 도입되면 그로 인한 비용저감 등 여러 면에서 인공지능의 매력이 드러날 것이다. 그럴수록 데이터센터 건립 및 GPU 수요 상승세는 오히려 가팔라질 수 있다. 즉 데이터센터 인프라는 이제 첫 단계가 마무리되었을 뿐이다.

둘째, 많은 이가 인공지능은 순서 위주의 직렬 기능 서비스라고 생각하고 병렬계산 위주의 GPU는 별 수요가 없을 것이라고 주장하지만 그렇지 않다. 예를 들어보자. 자율주행을 하던 차가 도로 앞에 쓰러져 있는 물체를 발견했다. 그럼 우선 그것이 사람인지 아닌지를 판별해야 한다. 사람이라면 오른쪽 차선으로 피하되, 만일 달려오는 차가 있다면 중앙선을 잠깐 넘을지를 고민할 것이다. 다른 대처 방법이 없다면 급브레이크를 밟을 것이다. 이런 행동들은 조건부 순서이므로 직렬 기능처럼 보인다. 그러나 가장 중요한 판단은 그 물체가 사람인지를 판단하는 것이며, 이런 판단은 병렬계산에 의해 이루어진다.

셋째, GPU의 교체 주기는 5년이다. 그 전에 수명을 다하는 경우도 많다. 지금까지 엄청난 양의 GPU를 써서 데이터센터를 만들었는데 그것을 유지하기 위한 수요는 여전히 엔비디아의 몫이다.

그리고 우리가 간과하는 점이 있다. 학습과 추론 사이에 시뮬레이션이 있다는 것이다. 예를 들어 산업현장에서는 로봇이 학습받은 것과 약간만 다르게 움직여도 큰 문제가 될 것이다. 그런데 학습된 대로 현장에서 추론 서비스가 이행될 수 있도록 하는 시뮬레이션 플랫폼을 엔비디아와 구글이 독점하고 있다. 그래서 그들이 인공지능의 패권을 쥐고 있는 것이다. 결국 인공지능이 추론의 단계로 넘어가도 그 주인공은 엔비디아일 것이다.

기업 소개 인공지능 칩 설계 관련 기업

기업명	성장 잠재력	시가 총액 (단위: 조)	PER (배)	배당 수익률 (%)
구글 (NASDAQ: GOOGL, GOOG)	- 인공지능 소프트웨어에서 차별화, 내재화 - 알파폴드^{AlphaFold}처럼 모방 불가능한 인공지능이 인기를 얻고 상용화될 가능성	4242	27.2	0.3
엔비디아 (NASDAQ: NVDA)	- 인공지능 추론 서비스가 높은 생산성으로 이어져 GPU 수요 확대 가능성 - 인공지능 시뮬레이션 플랫폼에서 독점적인 위치가 더 구체화될 것	6160	51.5	-
AMD (NASDAQ: AMD)	- 인공지능 추론에서는 GPU 이외에도 다양한 칩들의 수요 증가 - AMD는 칩 전반에 역량	540	137	-

주) 시가총액, PER은 2025.10.25 기준

인공지능 추론 시대, 새롭게 떠오르는 강자들

　추론 서비스에서 가장 중요한 점은 속도, 즉 서비스에 지연이 없는 것이고 그다음은 전력 소비량이 낮은 것이다. 예를 들어 적의 미사일 공격을 판단하는 인공지능 추론이 미사일 비행 각도를 헷갈려 판단을 늦게 한다면 대형 사고를 피할 수 없다. 또한 인공지능 추론 서비스는 주로 무선 모바일 환경에서 제공되는데 배터리의 한계를 감안하면 전력 소모가 최소화되어야 한다. 발열 문제도 함께 관리되어야 함은 물론이다.

　한편 추론 서비스가 활발해지면 그만큼 데이터센터에는 부하가 걸린다. 또한 데이터센터와, 추론 서비스를 제공하는 자율주행차나 로봇 등 단말기 사이에 데이터 통신량이 많아지면 병목현상이 생길 수 있고, 이런 문제들로 인해 추론 서비스가 지연되면 심각한 부작용이 초래될 수 있다. 이를 해결할 수 있는 종합 솔루션을 갖고 있는 업체로는 엔비디아, 브로드컴^{BROADCOM}, AMD, 마블 테크놀로지$^{MARVELL\ TECHNOLOGY}$ 등 데이터센터 하드웨어 관련 업체들과, 데이터센터 생태계를 구성하는 소프트웨어 개발 업체 오라클^{ORACLE}을 들 수 있다. 이들은 인공지능 추론 서비스에 전반적으로 뛰어난 강자들이다. 다음은 분야별 주요 업체들 소개다.

데이터 저장

서비스 지연 및 병목현상 등을 제거하려면 먼저 데이터 저장^{storage} 관리가 필요하다. 빨리 꺼내야 하는 데이터와 천천히 꺼내도 되는 데이터를 구분하여 관리하는 것이다. 이해를 돕고자 실제 내가 겪은 일을 예시로 들어보겠다. 1999년엔가 홍콩에 갈 일이 있었는데, 돌풍으로 인해 이전 편 화물기가 전복됐고, 내 비행기는 제주도로 회항했다. 나는 홍콩 일정을 포기하고, 다음 행선지인 도쿄로 가려고 짐을 내려달라고 요청했는데, 항공사는 그럴 수가 없다고 했다. 내 짐을 꺼내려면 컨베이어를 돌려 모든 짐을 내려야 하는데 그 비용이 막대하다는 것이다. 내가 홍콩에 가서 짐을 받아 도쿄로 가야 한다고 했다.

이렇듯 데이터도 꺼내기가 쉽지 않다. 그리고 꺼내기 어려울수록 서비스 지연이 발생할 확률이 높다. 지연으로 인해 생기는 타격이 큰 데이터일수록 빨리 꺼내야 한다.

데이터센터에서는 데이터를 여러 조각으로 쪼개서 저장한다. 통째로 저장하면 서버가 훼손되거나 해킹될 경우 복구가 불가능하기 때문이다. 또한 여러 사람에게 동시에 서비스할 경우 한 서버에 쏠리는 부담이 덜해 훨씬 편리하다. 단, 꺼낼 때 여러 조각을 합쳐야 하므로 시간이 더 소요된다. 따라서 빨리 꺼내야 하는 데이터는 따로 비싼 요금을 지불해 저장하고, 천천히 꺼내도 되는 데이터는 싼 요금으로 이용하는 것이 효과적이다. 이런 관리를 하는 업체로는 퓨어 스토리지PURE STORAGE, 넷앱NET APP 등이 있다.

CXL― 반도체를 빠르게 잇는 새로운 인터페이스

CXL(Compute Express Link)은 CPU 및 D램, SSD 같은 메모리 반도체, 그리고 GPU, FPGA, DPU 등 인공지능 가속기 사이를 빠르게 연결하는 새로운 인터페이스 표준이다. 예를 들어 CPU와 D램은 직접 연결되므로 빠르다. 반면, CPU에서 저장장치인 SSD까지 가려면 몇 단계를 거쳐야 하므로 느리고, 병목현상이 생길 수 있다. CXL은 그런 문제를 없애고자 CPU와 SSD를 직접 연결시킨다.

또 CPU는 자신의 능력을 증폭시켜주는 GPU와 효과적으로 메모리를 공유하지 못한다. 즉 둘은 서로가 하는 일을 모른다. 마치 다른 언어를 사용하는 사람들 같다. 이들의 소통을 위한 언어라 할 수 있는 공통 메모리를 만들어주고 어디서든 공통 메모리 접근이 편하게 한다면 계산속도가 개선될 것이다. 특히 계산 규모가 커질수록 계산 자체의 속도보다 메모리 반도체에서 데이터를 꺼내 올 때 병목현상이 발생해 속도를 저해한다. 따라서 공통 메모리를 관장하는 CXL이 계산을 담당하는 GPU 등 가속기에 메모리를 얼마나 효과적으로 할당하느냐가 관건이 되었다. 그만큼 CXL의 기능이 중요해졌다. 빅테크를 비롯해 여러 업체가 이런 CXL 기술을 제공하고 있다. 엔비디아의 NV링크도 GPU와 CPU 간 고대역폭을 만들어, 즉 여러 도로를 뚫어 빠르게 연결하는 기술이다. CXL 사업 비중이 높은 업체로는 아스테라 랩스 ASTERA LABS를 들 수 있다.

엔비디아의 NV링크는 CXL을 위협하지 못했다

2010년대 GPU 간 병렬 연결은 일일이 CPU를 통해 이루어졌으므로 병목현상이 심했고, 계산이 느렸다. 2016년 5월, 엔비디아는 GPU들이 CPU를 거치지 않고 직접 연결되는 NV링크를 소개하며 병목현상을 해소했는데, 이 기능은 GPU들 간 직접 연결뿐 아니라 GPU와 CPU의 연결까지 빨라지도록 도와준다. 그런데 이는 GPU와 CPU가 연결되는 단계를 줄이는 방법인 반면, CXL은 GPU와 CPU의 공통언어를 만들어 호환을 빠르게 하는 기술이다. 이 둘은 서로 대체하는 관계라기보다는 계산속도를 올려주는 보완관계에 있다고 해석되고 있다.

AMD의 인피니티 패브릭은 CXL을 위협

2025년, AMD는 NV링크처럼 GPU와 CPU 간 소통 단계를 줄이는 것 외에도 CXL처럼 부분적으로 공통언어를 만들어 GPU와 CPU, 그리고 메모리 반도체의 연결 속도를 더욱 끌어올린 인피니티 패브릭이라는 기술을 발표했다. 이는 CXL을 위협하기에 충분하다. CXL은 CPU, GPU, DPU, FPGA 등 각종 반도체의 연결을 보편적으로 수월하게 하는 표준이지만 속도를 원하는 만큼 올리는 데는 한계가 있다. 인공지능이 더 빠른 연결을 요구하므로 GPU-CPU처럼 연결 속도가 중요한 부분은 CXL에 의존할 수 없고, 결국 엔비디아, AMD와 같은 칩 설계업체들은 CXL보다 우월한 기술을 내재화할 것이다. 즉 엔비디아의 NV링크도 AMD의 인피니티 패브릭처럼 공통언어 기능까지 추가할 것이라는 유추가 가능하다(AMD가 엔비디아보다 빨랐던 이유는 GPU뿐 아니라 CPU에 대한 역량도 갖추고 있기 때문이다). 하지만 CXL은 여전히 칩을 연결하는 산업 표준으로 남아 있을 것이며, 비용을 들여가며 연결 속도를 극대화할 필요가 없는 부분, 특히 속도보다는 안정성이 중요한 부분에는 여전히 CXL이 사용될 것이다.

엣지컴퓨팅 — 단말기 근처에서 직접 데이터를 처리

데이터센터의 중앙 서버는 여러 기능을 소화해야 한다. 그만큼 부담이 크다. 인공지능 추론 서비스를 위해 단말기에서 필요한 정보가 매번 데이터센터의 중앙 서버에 다녀오려면 교통체증을 겪어야 해서 느리다. 병목구간도 있다. 그러니 단말기 근처의 서버에서 처리가 가능하다면 중앙 서버를 다녀오지 않는 편이 효율적이다. 이를 엣지컴퓨팅edge computing이라고 한다. 엣지란 단말기와 데이터센터 중간에서 데이터를 먼저 처리하거나 중계하는 지점을 말하며 네트워크는 데이터센터와 엣지와 단말기를 잇는 통로를 의미한다. 예를 들어 로보틱스를 활용한 생산 공장의 경우 로봇 활동에 특화된 서버를 근처에 두면 웬만한 추론 서비스는 지역(로컬) 서버에서 지원해 그만큼 중앙 서버의 부담을 줄일 수 있다.

엣지컴퓨팅을 하는 지역 서버는 중앙 서버보다 공간 및 전력공급에 제한을 받을 것이다. 이를 해소하는 데 SoC(System on Chip)가 도움이 된다. SoC는 특정 기능을 모아놓은 반도체다. 특정 목적을 수행하는 데 필요한 CPU, 메모리 반도체, 가속기 GPU, NPU, 데이터 입출력 장치들이 한곳에 모여 있다면 데이터를 주고받는 거리가 짧아져 계산이 빨라지고, 데이터 이동을 위한 전력 사용도 최소화된다. 발열도 줄어든다. 따라서 SoC는 엣지컴퓨팅의 중요한 요소다.

SoC는 엔비디아, AMD, 브로드컴, 마블 테크놀로지 등 기능성 반도체 설계 역량을 갖고 있는 업체들이면 대부분 만들 수 있다. 그런데 더 중요한 것은 SoC가 목적에 부합하고 최소의 비용으로 최대 효과를 낼 수 있도록 최적화하는 운영체계다. 이를 설계하는 업체로 대표적인 곳은 아리스타 네트웍스ARISTA NETWORKS, 주니퍼 네트웍스JUNIPER NETWORKS가 있다.

한편 CDN(Contents Delivery Network)도 엣지컴퓨팅을 도울 수 있다. CDN은 사용자 근처에서 콘텐츠를 빠르게 뿌려주는 서비스로 이미 글로벌 네트워크가 갖추어져 있다. 진입장벽이 낮고 포화 상태여서 현재는 '레드오션'이다. 그런데 인공지능 추론에서 동영상, 이미지, 코드 등 무거운 데이터가 필요한 경우 만일 CDN이 로컬에서 그 문제를 해결해준다면 엣지컴퓨팅 확산에 도움이 될 것이며, CDN의 기존 네트워크도 활용도가 높아질 것이다. CDN을 운용하는 대표업체로는 클라우드플레어CLOUDFLARE가 있다.

클라우드 가상화

기업이 개인에게 제공하는 인공지능 서비스에는 CPU, GPU, NPU 등 서비스 개발을 위한 계산용 반도체, 데이터 저장공간, 네트워크,

소프트웨어, 플랫폼, 보안 도구 등 여러 가지 자원이 포함되어 있다. 개인 사용자들이 이런 자원들을 값싸게 쓰기 위해 서로 공유하는 서비스를 클라우드^{cloud} 서비스라고 한다. 대부분의 인공지능 추론 서비스도 클라우드 환경에서 이뤄진다.

결국 데이터센터 서버를 여럿이 나눠 써야 하고, 그러려면 사용자에게 사용 환경을 마치 자신의 것처럼 가상화시켜줘야 한다. 여러 계정으로 구분하는 것이다. 특히 서로 다른 운영체계를 사용하는 사람들이라면 계정을 구분해야 한다. 이 경우 무겁고 느린 단점이 있지만 보안은 확실하다. 이를 'VM(Virtual Machine)'이라고 하며, 2023년 브로드컴에 인수된 VM웨어^{VMWARE}가 대표적인 기업이다.

반면 같은 운영체계를 사용하는 사람들은 앱 단위로만 구분하고 운영체계 자원을 공유할 수 있다. 이때는 가볍고 빠른 장점이 있지만 보안이 취약하다. 이를 '컨테이너'라고 하며, 구글과 IBM이 최강자다.

그런데 쓸데없는 기능을 제거해 가벼운 VM도 개발됐다. 즉 속도는 컨테이너 수준인데 VM이라서 보안도 강하다. 그렇다면 가벼운 VM이 컨테이너를 대체할까? 그렇지 않다. 컨테이너만의 매력이 있기 때문이다. 컨테이너는 운영체계를 공유하기 때문에 서비스가 붐빌 때 클라우드의 크기를 늘렸다가 수요가 감소할 때 쉽게 줄일 수 있다. 이런 신축성 때문에 처음부터 클라우드를 작게 만들 수 있는 장점이 있고, 서비스 요구가 급증해도 대응에 실패하지 않을 수 있다. 클라우드의 크기를 상황에 따라 자동으로 조절하는 기능을 '오케스트레이션^{orchestration}'이라고 한다.

이런 신축성은 가벼운 VM이라도 불가능하다. 그렇다면 가벼운 VM을 쓸 것인지, 또는 컨테이너를 '오케스트레이션'하여 비용을 절감할 것인지가 인공지능 추론 서비스를 제공할 때 해야 할 중요한 판단이다. 이 분야의 대표적인 기업으로 오라클이 있다. 한편 CDN은 지역에서 데이터를 잠시 저장했다가 빠르게 보내주는 기능을 하는데, CDN이 데이터를 저장, 처리하는 클라우드 기능으로 발전하여 CDN 전문 업체인 클라우드플레어가 지역에서 컨테이너 오케스트레이션 서비스도 담당한다.

서버의 액침 냉각이란?

인공지능 추론 서비스가 진행되는 도중에 정전이 일어나면 큰 문제가 발생한다. 인공지능을 학습시키는 과정은 지연되도 되지만 추론 과정에서 발생한 문제는 곧 현장 서비스 실패인 것이다. 그러므로 예비전원 확보가 중요하다. 한편, 데이터센터 서버는 발열이 극심하여 화재로 이어지는 경우도 흔하다. 현재는 서버를 액체에 담가 식히는 액침 냉각 기술까지 등장했다. 이때 쓰이는 액체는 전기가 통하지 않아 회로를 손상시키지 않으면서도 열전도율이 높아 냉각 효율은 좋다.

버티브^VERTIV는 예비전원부터 액침 냉각에 이르기까지 데이터센터 하드웨어 설계에 전반적인 역량을 갖고 있는 기업이다. 그래서 모듈형 데이터센터를 직접 생산해 판매한다. 대형 데이터센터가 특정 산업 기지에 특화되어 있다면 모듈형 데이터센터는 단순한 기능을 하는 표준화된 형태다. 기존 데이터센터의 용량을 키울 때 모듈형 데이터센터를 붙이면 쉽게 해결 가능하고, 지역의 엣지컴퓨팅을 위한 서버 수요 대응에도 유용하다. 따라서 모듈형 데이터센터 수요는 계속 증가할 전망이다.

M&A를 통해 성장한 AI 추론의 거인들
— 브로드컴, AMD, 마블 테크놀로지, 오라클

브로드컴(BROADCOM, NASDAQ: AVGO, 시가총액 2380조 원)

초창기에는 와이파이$^{Wi-Fi}$, 셋톱박스 칩 등 맞춤형 통신 칩 제조업체였다. 단말기까지 전달된 데이터를 기기 내로 빠르게 받아들일 수 있는 프로토콜을 설계했으며, 그것을 기반으로 하여 통신용 ASIC, SoC 등 기능성 반도체 설계 역량이 있다.

2016년, 아바고^{AVAGO}에 인수되었다. 그래서 주식 코드^{ticker}도 AVGO다. 하지만 브로드컴 브랜드가 더 유명했기 때문에 인수되었음에도 불구하고 회사명을 '브로드컴'으로 유지했다. 아바고는 광통신 연결 칩 제조업체였으므로, 브로드컴은 아바고의 광통신 기법을 적용해 단말기와 데이터센터 사이, 즉 엣지 및 네트워크에서 빠른 연결을 가능케 하는 기술을 가졌다.

2023년에는 클라우드 전문 기업 VM웨어 인수를 통해 (가상화) 데이터센터를 효율적으로 운영할 수 있는 능력을 갖췄다. 이로써 브로드컴은 기능성 반도체 설계 능력, 빠른 네트워크 속도, 데이터센터 운영 능력 전반에 역량을 갖추고 인공지능 추론 서비스에서 전방위적으로 활약할 수 있게 되었다.

AMD(AMD, NASDAQ: AMD, 시가총액 360조 원)

원래는 인텔처럼 CPU를 개발하던 업체였다. 즉 직렬 순서의 계산 역량을 갖고 있었다. 그런데 2006년에 GPU 개발업체인 ATI를 인수하며 병렬계산 능력도 갖추게 된다. ATI는 1985년 캐나다 토론토에서 출범했는데, 2000년대 초반에는 GPU의 원조인 엔비디아와 시장을 양분할 정도였다. 그러나 그 후 AMD는 GPU에서 엔비디아에 뒤처지는데, 엔비디아가 인공지능 병렬계산에 집중한 반면 AMD는 GPU를 CPU에 연결하여 다양한 적용처를 찾았기 때문이다. 세상이 인공지능으로 변해가고 있음을 읽지 못한 오류였다.

AMD는 2022년 DPU 개발업체인 펜사도PENSADO까지 인수하며 빠른 계산에 필요한 모든 반도체 개발 역량을 완성했다. AMD는 CPU, GPU, DPU를 모두 손에 넣으며 인공지능 시대를 대비한 것이다. 또한 같은 해 세계 최대 FPGA 개발 기업인 자일링스를 인수하며 인공지능 추론에서 맞춤형 서비스 능력까지 갖췄다. 이것이 AMD가 추론에서 강할 수 있는 이유다. 그 후 2024년에는 데이터센터 서버 제조업체인 ZT 시스템즈ZT SYSTEMS를 인수하며 데이터센터 인프라 전체를 섭렵했다. 이렇듯 반도체 전반에 역량을 갖고 있지만 그것을 자동차 등 하드웨어에 적용해본 경험이 없는 것, 즉 저전력으로 구동시키는 방법이나 기계의 데이터를 감지하는 능력에서 미흡한 것은 AMD의 약점이다.

AMD는 지나칠 정도로 기업인수를 통해 사업을 확장했다. 그 과정에서 주주 가치의 희석도 상당했고, 인수 기업이 시너지를 내기까지 영업실적의 희생도 불가피했다. 단, 인공지능 추론 서비스가 본격화되면 그동안 기업인수를 통해 축적됐던 잠재력이 분출될 수 있다.

마블 테크놀로지(MARVELL TECHNOLOGY, NASDAQ: MRVL, 시가총액 81조 원)

초창기에는 데이터 저장(스토리지) 업체로 출발했다. 그래서 CPU에 부담을 주지 않고 데이터를 입력 및 출력하는 기술을 갖고 있고, 그 기술을 DPU에 그대로 적용시킨다. 즉 DPU에 대한 기본적 이해가 있는 회사다. 2019년에는 아베라 세미컨덕터^AVERA SEMICONDUCTOR를 인수했다. 이 회사는 IBM에서 맞춤형 ASIC를 개발하던 부서였는데, 글로벌파운드리스^GLOBALFOUNDRIES의 IP 사업부로 잠깐 넘어갔다가 마블 테크놀로지로 인수되었다. 마블 테크놀로지는 이 M&A를 통해 기능성 반도체 설계 역량을 갖췄고, 맞춤형 SoC, ASIC 시장에 진출할 수 있게 됐다. 브로드컴, AMD의 역량에는 미치지 못하지만 말이다. 브로드컴, AMD는 자체적으로 개발한 추론용 범용 ASIC가 있어 고객들이 알아서 가져다 쓰는 반면, 마블 테크놀로지는 고객의 요구대로 만들어주는 수준이다.

2020년에는 인파이^INPHI를 100억 달러에 인수했다. 마블 테크놀로지의 규모에 비해 커다란 M&A였다. 인파이는 데이터센터 내부 또는 데이터센터 간에 여러 길을 뚫어 네트워크의 병목을 해결하는 회사인데, 이를 '고대역폭^high bandwidth'이라고 부른다. 마블 테크놀로지는 데이터를 빨리 저장하고 꺼내는 기술 및 데이터를 여러 곳으로 분산시켜 병목을 제거하는 역량을 갖고 있었는데, 네트워크에서의 병목도 처리함으로써 '서비스 지연 해소'라는 추론 서비스의 주요 과제를 해결할 수 있게 되었다.

오라클(ORACLE, NASDAQ: ORCL, 시가총액 1131조 원)

1977년 창업한 오라클은 데이터 관리 전문 회사였다. 데이터를 단지 구분 지어 쌓아놓는 것이 아니라 데이터 간 상관관계를 분석해 서로 연결하는 '관계형 데이터베이스'를 처음 소개한 업체다. 이것이 1980~1990년대 전 세계 기업의 정보관리 시스템 표준이 됐고, 1990~2000년에는 관리하던 데이터들의 사이버 보안에 주력했다. 그래서 지금도 대표적인 사이버 보안 업체로 알려져 있다.

2000년대에 들어 데이터가 폭증하면서 오라클은 데이터를 더 많이, 빠르게, 안전하게 처리하려면 데이터센터 하드웨어부터 네트워크까지 수직통합을 할 수 있는 인프라를 구축해야 한다고 판단했고, 선 마이크로시스템즈^{SUN MICROSYSTEMS}를 인수하는 등 서버 및 운영체계에 투자했다. 그 결과 클라우드 가상화 등 데이터센터 운영 능력이 강화됐다.

2010년대 이후 인공지능이 두각을 나타내며 데이터 관리 및 사이버 보안 능력의 중요성이 강조되면서 오라클의 가치는 급등했다. 오라클의 공동 창업자인 래리 엘리슨^{Larry Ellison}은 "You can't secure what you don't control(당신은 통제하지 못하는 것을 손에 넣을 수 없다)"라고 말한 바 있는데, 완벽하지 않다면 하지 않겠다는 철학이다. 이런 생각이 오라클 클라우드 서비스를 빈틈없이 만들었고, 근래 들어 오픈AI, 메타, 구글 등 거대 기업들과의 클라우드 계약이 급증하고 있다.

오라클은 기능성 반도체를 만들지는 않지만 데이터센터 운영 능력이 확실하므로 인공지능의 무게 중심이 학습에서 추론으로 넘어오며 그 가치가 부각되고 있다.

기업 소개 인공지능 추론 서비스 관련 솔루션

분야	사업 내용	유망 기업
인공지능 추론 인프라	인공지능 가속기(GPU, TPU, NPU 등) 설계, 시뮬레이션 및 추론 구조 설계	엔비디아 구글
데이터센터(HW) & 네트워크 최적화	데이터센터 부하 경감, 네트워크 병목 제거, 서비스 지연 예방, 저전력 ASIC, SoC 등 간단한 기능성 칩 설계	브로드컴 AMD 마블 테크놀로지
데이터센터 (SW)	데이터 간 상관관계를 분석하여 관리, 클라우드 가상화 등 데이터센터 운영, 데이터센터 보안	오라클
데이터 저장	빨리 꺼내야 되는 데이터와 그러지 않아도 되는 데이터의 구분 관리	넷앱 퓨어 스토리지
CXL(Compute Express Link)	CPU, 메모리 반도체, GPU 등 가속기를 빠르게 연결하는 표준	아스테라 랩스
비상전원 및 냉각 (데이터센터 HW 관리)	예비전원, 액침 냉각(탄화수소), 모듈형 데이터센터	버티브
SoC 운영체계	하나의 칩 안에 여러 기능을 심는 SoC의 기능을 최적화	아리스타 네트웍스 주니퍼 네트웍스
클라우드 가상화	가벼운 VM과 컨테이너의 조합, 오케스트레이션	오라클 클라우드플레어
엣지컴퓨팅 & CDN	로컬 서버뿐 아니라 로컬 콘텐츠 활용, 데이터 트래픽 줄여 고속 처리, 저전력	클라우드플레어

미국 기업들이 M&A를 통해 빠르게 성장할 수 있는 배경

미국에서는 유망 신생기업들이 투자자들에게 빠르게 소개된다. 대표적인 예가 SPAC(Special Purpose Acquisition Company), 즉 기업인수 목적 회사의 성행이다. 거래소가 기업 상장을 독점 심사하지 않고 기업 평가 능력이 있는 금융기관이나 다양한 주체들로까지 상장의 권한을 다변화시킨 형태다. 예를 들어 위성통신, 인공지능, 양자컴퓨터, 전고체 배터리 등의 기술 분야는 아직 해결해야 할 과제가 남아 있지만 분명히 성장산업에 속해 있다. 해당 분야의 회사 가운데 남이 모방할 수 없는 핵심경쟁력이 있는 스타트업들은 길고 지루한 거래소의 심사를 기다리지 않고 이미 상장되어 있는 SPAC 펀드에 합병되어 빠르게 우회상장을 할 수 있다. 인수합병을 할 만한 어린 후보들이 많고, 그들과 결합해 빨리 글로벌기업으로 성장할 수 있는 배경이다. 반면 한국에서 기업 상장은 거래소 중심이다. 상장폐지 요건이 되어도 거래소가 비난을 받기 싫어 퇴출을 꺼리다 보니 신규상장도 제한될 수밖에 없다. 상장기업 수를 무작정 늘릴 수 없기 때문이다.

반도체 수출 규제,
웃는 자는 누구인가

미국 정부는 중국이 패권의 핵심인 계산능력을 키워 추격해오는 일을 막고자 자국의 기술 기업들이 핵심 자원을 중국에 파는 것을 직접 제한하고 있다. 이는 관련 기술 기업들의 실적에 악영향을 미칠 수 있다. 우선 수출 금지 품목으로 잘 알려진 것은 GPU를 포함한 첨단 기능성 반도체다. 그러나 반도체는 소모품이고, 중국 기업들이 뜯어봐도 역설계reverse engineering를 하기 어렵다. 낮은 사양의 제품만 중국에 수출할 수 있는 길이 열려 있다. 중국 기술 기업들 가운데 고사양의 첨단 GPU가 간절한 업체들은 홍콩 등지에 유령 기업을 만들어 밀수까지 하고 있다. 그 결과 엔비디아의 중국 매출 비중은 2023년 21%에서 2025년 현재 12%로 겉보기에는 하락했지만 실적 상승세는 지속되고 있다.

ASML, 어플라이드 머티리얼즈APPLIED MATERIALS, 램리서치LAM RESEARCH 등 반도체 장비업체들도 중국에 첨단 노광, 식각, 증착 장비 판매가 금지되고 있으나 수년간의 수주잔고가 쌓여 있는 등 완전히 공급자 우위의 시장이므로 큰 타격은 없다.

이런 하드웨어와는 달리 소프트웨어는 상대적으로 모방이 쉽기 때문에 중국 판매 제한이 더 엄격할 수 있다. 예를 들어 시놉시스SYNOPSYS 나 케이던스CADENCE DESIGN SYSTEMS의 반도체 설계 자동화 시스템, 그리고 ARM, 브로드컴, 마블 테크놀로지의 반도체 기능 모듈 설계 도면 IP 코어 등은 중국 시장 진입이 더 까다로워질 수 있다.

그렇다면 미국 정부는 자국의 반도체 기업들에게 중국 시장에서 발생한 손실을 어떻게 보상할까? 사실 미국 기술 기업들은 글로벌 시장에서 미국 패권을 위해 돕고 있다. 첩보도 제공한다. 그들이 세금 회피 지역에서 탈세해도 미국 정부가 적당히 눈감아주는 이유도 거기에 있다. 정부가 그들의 영업을 방해한다면 반드시 그 보상을 해야 할 것이다. 그 유일한 길은 기술 관련 규제를 풀어 진도를 빼는 것이다. 즉 인공지능 기술 개발 속도를 올려 중국 이외의 지역에서 인공지능 투자가 늘어나도록 해 기술 기업들이 중국에서 잃은 돈을 보전해주는 것이다. 이렇게 중국을 묶어둔 채 다른 지역에서 인공지능을 비롯한 신기술에서 한발 앞서가자는 것이 미국의 계획이다. 시간이 흘러 중국이 뒤처지면 낮은 수준의 기술을 중국에 팔자는 것이다. 결국 중국에 대한 규제가 오히려 인공지능을 비롯한 신기술 개발 속도를 높일 수 있다.

일각에서는 이러한 미국의 압박이 중국을 강하게 단련시켜 중국이 패권에 도전할 수 있는 힘을 얻게 될 것으로 예상한다. 중국은 공산당 중심의 계획경제다. 이런 체제는 단기간 내 목표한 곳으로 힘을 집중시키는 데 유리하다. 그 목표물에 인공지능을 비롯한 신기술들이 포함될 것이다. 초기 진도는 분명히 빠르다. 그러나 제품 및 서비스가 완성되려면 수많은 역량이 결합해야 하는데 '자신이 주인공'이 아니라면 그런 노력들을 이끌어낼 수 없다. 즉 사회주의 체제를 극복하지 못한다면 중국이 미국을 추격하기는 쉽지 않을 것이다.

인공지능의 IQ를 올리기 위해 필요한 것

사람에게 IQ를 물어보면 실례지만 인공지능에게 그것은 성능을 자랑하는 기회일 것이다. 인공지능은 경쟁에서 이기는 데 사용되는 도구이므로 더 똑똑해져야 하는데 과연 그 수단은 무엇일까? 사실 인공지능이 스마트해지는 데에는 학습보다 추론 과정이 더 중요한데 그 단계에서는 어떤 것들이 필요할까?

추론 단계로 넘어와도 메모리는 필요하다

인공지능이 추론을 할 때 더 정확한 판단을 내리려면 상황에 대한 전후 관계를 충분히 기억하고 있어야 한다. 우리가 챗GPT에 여러 질문을 던질수록 문맥에 맞는 대답을 하는 것처럼 말이다. 정교한 대답을 얻으려면 더 큰 메모리가 필요하다. 또한 추론 서비스를 실행하는 현실에서는 텍스트, 이미지, 동영상, 음성 등 멀티모달multimodal을 처리해야 하는데, 이 경우 통합 메모리가 필요하다.

데이터를 빠르게 꺼내는 것도 중요한데, 그러려면 임시적으로 데이터를 저장했다가 빠르게 제공하는 캐시cache 기능을 지닌 메모리 반도체도 필요하다. 특히 동일한 계산을 반복하지 않고, 결괏값만 저장했다가 필요할 때 제공하면 계산속도를 높일 수 있다.

많은 분석가가 인공지능이 학습을 마치고 추론으로 넘어오면 메모리 반도체 수요는 둔화할 것이라고 주장했고, 이에 따라 메모리 반도체 생산업체들도 공급 확대를 자제했다. 그러나 메모리 수요 증가세는 지속되고 있다. 특히 2021년 코로나 쇼크 시절에 전 세계적으로 지급된 보조금이 IT 기기 매수에 많이 쓰였는데, 4~5년이 지난 지금 그 교체 수요까지 몰려 메모리 반도체 부족 현상이 심화되고 있다.

반도체 간 연결 속도가 지능에 도움

사람의 좌뇌는 외부에서 발생하는 일들에 대한 인지기능, 그리고 간단한 논리기능을 담당한다. 만일 뇌호르몬의 활동이 원활해 신호 전달이 빠르다면 좌뇌의 기능에 도움을 줄 수 있다. 이처럼 인공지능에서도 CPU, GPU, 메모리 등 반도체 간 연결이 수월할수록 외부환경 인지능력이 개선된다. 이런 기능의 표준이 CXL이며, 이를 강화하기 위해 엔비디아는 NV링크, 그리고 AMD는 인피니티 패브릭을 출시했음을 앞서 소개했다.

인공지능 모델이 커질수록 GPU, CPU, NPU 등 여러 기능성 반도체가 방대한 메모리를 공유해야 하는데 이때 메모리의 일관성이 중요하다. 예를 들어 GPU가 하나의 변수를 갱신하면 다른 쪽에서도 즉시 반영되어야 하는데 이때 CXL이 필요하다.

한편 메모리 반도체인 D램의 연결 개선을 위해 HBM[High Bandwidth Memory](고대역폭 메모리)도 개발되었다. 간단히 말하자면 D램을 수직으로 쌓고 그것들 사이에 레이저로 구멍을 만들어 그 안에 구리 선을 집어넣어 D램들이 신호를 주고받을 수 있는 고속도로를 만드는 셈이다. 더 많은 용량이 더 가까운 거리에서 더 빠르게, 그리고 전력을 덜 소비하며 계산이 이뤄질 수 있다.

어떤 면에서는 CXL이 메모리 수요를 대체할 수도 있다. 인공지능을 똑똑하게 만들기 위해 메모리 용량을 키우는 대신 반도체 간 연결을 강화할 수도 있다는 의미다. 지금은 메모리 용량과 CXL이 함께 성장하는 구간으로, 인공지능을 스마트하게 만드는 중요한 도구로 그

둘이 함께 쓰이고 있다.

스스로 공부하는 인공지능 에이전틱 AI

앞서 인공지능이 스스로 학습하며 영리해질 것이라는 이야기를 했다. 인공지능은 남을 이기는 데 사용되는 도구이므로 사람이 가르쳐주는 것 외에도 스스로 공부해 진화하도록 설계될 것이다. 이때가 인공지능이 상상력을 갖는 단계라 할 수 있으며, 이는 인간의 우뇌가 맡는 기능이다.

사람들은 인공지능에 적을 이기라는 목표를 주고, 수단과 방법을 가리지 말라는 명령도 할 수 있을 것이다. 그럼 분명 비인간적인 일이 생길 테니 '핵확산 금지조약' 같은 것이 생기겠지만 얼마만큼 질서있게 규제될지는 모르겠다.

최근 앤트로픽은 인공지능 챗봇이 외부 데이터에 접근하는 표준방법 Model Context Protocol 을 발표했다. 다시 말해서 인공지능이 불편 없이 어떤 데이터에도 스스로 들락거릴 수 있는 표준화된 문이 생긴 것이며, 마음껏 학습할 수 있게 된 것이다. 자율 인공지능 에이전틱 AI Agentic AI 의 기초가 마련된 셈이다. 이 부분은 구글, 오픈AI, 마이크로소프트 등 거대 기술 기업들의 영역이다.

인공지능이 스스로 학습할 때는 첫째, 기억해야 하는 데이터들이 많아진다. 새로운 것을 학습할 때 데이터센터를 다녀와도 되지만 그럴 시간이 없는 경우도 많다. 따라서 낸드 플래시 메모리, D램과 같은 메모리 반도체 수요가 늘어난다. 둘째, 과거에 있었던 사건으로 학습이 끝나는 것이 아니라 실시간으로 들어오는 데이터를 업데이트하며 지속되어야 한다. 그러려면 GPU, TPU 등 패턴을 찾는 기능성 반도체의 수요도 증가할 것이다. 그래서 엔비디아가 아직 끝나지 않았다고 말하는 것이다.

셋째, 자율 인공지능이 잘못된 신념에 빠지는 것overfitting을 막아야 한다. 과거 애널리스트 시절, 나는 고객 앞에서 확인되지 않은 사실을 이야기한 적이 있다. 그다음 고객을 만났을 때도 그랬다. 나중에는 나 자신이 그 이야기를 사실인 것처럼 믿었다. 인공지능도 그럴 수 있다는 것이다. 그래서 확신이 없으면 잘 모르겠다고 대답하는 보수적 판단이 필요하며, 그렇게 신중해질수록 스스로를 점검하는 계산이 추가될 것이므로 반도체 수요 또한 증가할 것이다.

에너지 효율도 지능 개선에 필요

추론에 필요한 전력이 너무 많으면 실시간으로 사고를 지속할 수 없다. 그만한 전력을 순간적으로 공급할 수 없기 때문이다. 투수가 어깨 근육을 발달시키면 공을 빠르게 던질 수 있지만, 근육만 과도하게 발달하면 주위 인대나 뼈가 부러지는 경우가 생길 수 있는 것과 유사하다.

인공지능의 에너지 효율을 높이려면 먼저 데이터의 이동 거리를 줄여야 한다. HBM, CXL도 그런 방법 중 하나다. 또한 모든 반도체를 작동시키지 않고 필요한 것만 사용하는 방법 sparse computing, 그리고 소수점을 줄여도 계산 정확도에 문제가 없다면 데이터를 단순화하는 방법 quantization도 사용된다.

보다 근본적인 대안은 순간적으로 요구되는 높은 전력을 조달하기 위해 다층 구조로 전력을 모으는 것이다. 높은 전력을 요구하는 곳 근처에 축전지를 배치해 전자의 상태로 저장했다가 필요할 때 빠르게 꺼내서 모으고, 출력을 높이는 방법이다. 멀어질수록 전기를 보내는 데 저항이 생기므로 가까운 곳에서 빠르게 쏴주는 것이 좋다. 순간적으로 높은 전력을 쓸 수 있다면 좀 더 고기능의 칩을 설계할 수 있다. 시놉시스, 케이던스 같은 반도체 설계업체들이 이런 솔루션을 제공한다.

한국 메모리
미래 시나리오

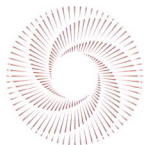

위협적인 요인들과 그동안의 실수들

인공지능이 학습에서 추론으로 넘어감에 따라 메모리 수요가 체감할 것이라는 지적이 틀렸음을 앞서 설명했다. 자율주행, 서비스 로봇 등 인공지능 추론 서비스가 우리 생활 전반에 확대될수록 학습을 위한 데이터센터조차 더 늘어야 한다. 즉 GPU를 포함한 기능성 반도체나 메모리 반도체 수요가 일단락됐다는 것은 틀린 생각이다. 단, 중요도 측면에서 메모리보다는 비메모리 기능성 위주로 무게중심이 이동하는 것이 한국 메모리 반도체 업체가 맞닥뜨린 위협이다.

삼성전자는 비메모리 반도체의 위탁생산(파운드리)부터 시도했다.

2019년, 삼성은 파운드리 분야에서 3년 안에 대만의 TSMC를 제치고 세계 1위로 도약할 것을 다짐했으나 그 기간 동안 TSMC의 시장점유율은 더욱 확대됐다. 삼성은 무엇을 믿었던 걸까? 공정 미세화 능력이었다. 삼성은 네덜란드 ASML의 극자외선 노광 장비를 잘 다룰 줄 알아 단위면적당 더 많은 반도체를 빠르고 오차 없이, 균일하게 생산할 수 있는 능력을 자랑했다. 삼성은 이것을 비메모리 시장 진입을 가능케 할 경쟁력으로 판단했고 그에 따라 더 많은 노광 장비를 주문했다. 그러나 착각이었다.

비메모리 반도체 생산에서 중요한 것은 많은 고객을 상대하고 그들의 요구를 맞춰본 경험이다. 고객들의 신뢰가 쌓여야 하며, 여기에는 당연히 시간도 필요하다. 고객들이 요구하는 반도체마다 배선구조, 전력 네트워크, 아날로그 블록의 불량이 모두 다른데 이런 것을 해결하는 다양한 지적 노하우를 보유하고 있어야 하며, 반도체 설계 자동화 업체와의 네트워크도 중요하다. TSMC는 이런 모든 주체가 연합하는 생태계^{TSMC Open Innovation Platform}를 20년 이상 유지하고 있다. 그런데 삼성은 이를 노광 장비 등 하드웨어의 탁월함만으로 돌파하려 했으니 얼마나 교만한가!

파운드리에서 실패를 경험한 후에도 그 고집은 여전했다. 삼성은 2022년에 세계 최초로 3나노 GAA(Gate-All-Around)를 선언했다. 반도체 업체들이 미세화를 강조하는 이유는 작을수록 더 많은 트랜지스터를 집적해 성능이 뛰어나고, 전류 이동 거리가 짧아 속도가 빠르고, 낮은 전압을 사용할 수 있어 발열이 덜하며 전력 소비 절감 등이 가능하기 때문이다. 그런데 미세화를 위해서는 반도체 간 전류를 잡았다 흘렸다 하는 등의 통제를 훨씬 원활하게 해야 하며, 그 기술이 GAA다. 이 공정도 노광 장비를 믿고 선택한 것이다. 그러나 GAA도 비메모리에서의 경험 부족을 해결해줄 수는 없다.

비메모리 파운드리에서 난관에 봉착한 삼성전자는 노광 장비를 메모리 쪽으로 돌리며 기존의 전(前)공정 미세화를 통한 수율 높이기에 더욱 집착했다. 그러나 메모리에서도 인공지능이 요구하는 사양은 많은 데이터를 짧은 시간 내 처리할 수 있는 능력 및 저전력 소모였고, 이런 능력은 전공정 미세화와 상관없이 후(後)공정 패키지package에 좌우됐다. SK 하이닉스는 이런 흐름을 읽고 잘 대처해 고대역폭 메모리 시장에서 삼성전자를 앞섰다(삼성전자의 후공정 HBM 팀원들이 전공정에 몰두하는 회사 전략에 실망하여 하이닉스로 이동했다는 후문도 있다).

테슬라는 삼성전자에 전기차 시스템 반도체 위탁생산 계약을 체결했다. 2025년부터 시작해 2033년까지 삼성전자의 미국 텍사스 공장에서 제작, 납품할 계획이다. 거래 규모는 165억 달러(23조 원)에 달한다. 고무적이지만 이것이 비메모리 파운드리에 주는 의미는 크지 않다. 왜냐하면 자동차 반도체는 성능보다 오랜 기간 기능이 유지될 수 있는 안정성이 중요하기 때문이다. 즉 비교적 만들기 쉽고, 물량도 적다. 수주잔고가 쌓여 있는 TSMC 측에서는 테슬라 칩에 구미가 당기지 않았을 것이다.

한편 SK 하이닉스는 TSMC의 보호 아래 성장하고 있다. 뒤집어 이야기하면 하이닉스가 TSMC의 하수인처럼 보인다는 이야기이기도 하다. 엔비디아가 하이닉스에 주문을 줘도 하이닉스는 TSMC에 납품을 한다. 고객이 원하는 맞춤형 기능을 낼 수 있는 최종 조립의 책임자가 TSMC이기 때문이다. 우리는 자칫 재하청 업체second vendor로 전락할 우려가 있다.

메모리 반도체는 더 작아지고 미세화될 것이다. 그래야 전자의 이동 거리가 줄어 연산속도가 빨라지고, 더 작은 전력으로도 전자를 이동시킬 수 있기 때문이다. 또 작아진 칩에 신호가 전달될 수 있는 더 많은 통로를 집어넣어야 하는데, 그러려면 반도체 구조를 바꿔야 한다. 그런 노하우를 TSMC가 갖고 있다. 고대역폭 메모리에서 성공을 거둔 하이닉스도 버전 3에서 4로 넘어가는 과정에 당장은 어려움을 겪고 있다. 더 미세해지고 복잡한 기능을 설계할 노하우가 부족하기 때문이다. HBM4에서는(하이브리드 본딩hybrid bonding 등) 반도체 간 더 많은 연결 도로를 구축하는 기법이 필요한데 TSMC는 비메모리 분야에서 이미 이 기술을 경험했다. TSMC는 하이닉스가 잘해주기를 바라지만 못할 가능성도 있으니 스스로도 준비할 것이다. 만일 하이닉스의 불량률이 높아지면 그냥 단순한 칩rare chip만 납품받고, 미세한 부분은

TSMC가 직접 할 수도 있다. 이 경우 하이닉스의 부가가치는 TSMC로 넘어가게 된다.

인공지능 추론이 한국에 기회를 줄 것인가?

우리가 기대할 수 있는 것은 향후 인공지능 추론 서비스가 보급될수록 기능성 비메모리 반도체가 다양해진다는 점이다. 서비스 개발 업체들이 엔비디아뿐 아니라 많은 반도체 설계업체들에게 ASIC 등 맞춤형 반도체를 의뢰할 전망이다. 수요 초과 현상이 심해진다는 뜻이다. 그런데 공급이 너무 제한되어 있다. 인공지능에 적합한 비메모리 위탁 생산은 TSMC가, 그리고 고대역폭 메모리 생산은 SK 하이닉스가 하는 형태다. 이런 구조를 깰 수 있는 좋은 대안이 삼성전자를 키워주는 것이다.

엔비디아는 하이닉스 외에 삼성전자도 고대역폭 메모리 납품업체에 추가하여 하이닉스 의존도를 낮추고 싶어 한다. 반면 TSMC는 삼성전자가 껄끄럽다. 삼성전자가 비메모리 파운드리 분야의 경쟁자로 부상할 수 있기 때문이다. 삼성전자 입장에서도 TSMC에 납품하며 지시를 받는 것은 자존심 상하는 일이다.

엔비디아뿐 아니라 모든 반도체 설계업체는 TSMC에만 의존하는 상황에서 벗어나고 싶어 한다. 그렇다면 늘어나는 기능성 반도체 수요 가운데 비교적 간단한 것부터 삼성전자로 올 가능성이 크다. 마치 경기 호황 때 신용이 나쁜 회사들에 대한 투자가 관대해지는 것처럼 말이다. 삼성전자는 맞춤형 반도체를 설계하는 경험을 키울 기회를 얻을 것이며, 그에 따라 고객의 신뢰도 쌓을 수 있을 것이다.

삼성전자가 비메모리 파운드리에서 입지를 다질수록 고대역폭 메모리 시장에도 원활히 진입할 수 있게 될 것이다. 비메모리 파운드리 업체가 HBM 납품업체 결정권을 갖는데 삼성은 스스로 둘 다 할 수 있기 때문이다. 특히 비메모리 파운드리와 HBM을 한 업체가 동시에 할 경우 공정이 줄며 비용 절감 효과도 기대할 수 있어 엔비디아 등 칩 설계업체는 더욱 환영할 것이다.

이런 흐름을 볼 때 궁극적으로는 하이닉스보다 삼성전자가 더 나은 투자처로 보인다. 하이닉스는 지금까지 메모리 시장 변화에 잘 대응했고, 그 레버리지 효과가 극대화되었다. 그러나 여전히 메모리 회사로서 반도체 사이클에 의존하는 회사로 남을 가능성이 크다. 반면 삼성전자는 인공지능 추론 시장이 열리며 비메모리 분야에서 새로운 기회까지 얻을 수 있는 잠재력이 있다.

삼성전자는 메모리 반도체들, 그리고 메모리 반도체와 GPU 등 비메모리 반도체를 연결하는 CXL 능력을 갖추고 있다고 한다. 이는 아스테라 랩스 같은 업체들의 CXL 표준을 제대로 구현할 줄 안다는 것이다. 마치 엔비디아가 비메모리 칩 설계를 해놓으면 TSMC가 그것을 효과적으로 구현하는 능력과 비슷하다. 하이닉스와 달리 삼성전자가 그럴 수 있는 것도 단순 메모리 칩 제조업체가 아니라 시스템을 이해하는 업체이기 때문이다.

단, 이런 희망적 시나리오가 실현되려면 삼성의 기업문화가 바뀌어야 한다. 그동안 삼성전자가 후퇴한 이유는 혁신과 신기술 투자에 인색했기 때문이다. 노광 장비와 같은 기존의 강점에 연연하고, 단기 이익에 집착했다. 숫자를 우선시하는 재무관리 임원들의 목소리가 너무 커졌기 때문일 것이다. 그들은 단기적인 성과를 극대화하고자 기술 투자에 보수적이었다. 문제는 기술직 임원들이 거기에 저항하지 않은 것이다. 삼성전자 임원으로 1년을 버티면 수십억 원의 연봉이 보장되므로 환관들 밑에서 안주했던 것 같다. 이런 분위기라면 핵심 인재들만 데리고 신기술을 개발해서 일방적으로 하달하는 식의 문화도 깨기 어렵다. 맞춤형 반도체를 설계하려면 삼성의 모든 임직원이 주인 겸 개발자가 되어야 한다.

한편 미국 정부는 비메모리 파운드리에서 삼성보다 인텔을 키우고 싶어 한다. 2025년 9월, 엔비디아도 이를 지원하듯 인텔에 50억 달러를 투자해 약 4%의 지분을 획득하기로 결정했다. 과연 인텔은 기대에 부응할까? 우선 인텔의 반도체 설계 경험(구체적으로는 CPU)은 생산을 이해하는 데 도움이 될 수 있지만 오히려 큰 장애물이 될 수도 있다.

마치 삼성전자가 미세공정에서의 경쟁력을 맹신했듯 인텔도 "반도체는 이렇게 하는 거야"라는 고정관념과 교만함으로 인해 고객들이 요구하는 맞춤형 솔루션을 따라가기 힘들 수도 있다. 특히 인텔은 그동안 회사가 어려워져 R&D 투자 공백이 너무 컸고, 고객들과의 네트워크 부재, 현장에서의 생산수율 문제 등 해결 과제가 산적해 있다. 당분간은 한국 반도체 업체들의 경쟁 상대가 되지 못할 것이다.

글로벌 헤지펀드의 삼성전자에 대한 관심(정치적 이유)

한국은 상법 개정을 추진 중이다. 그 주요 내용은 소액주주 의결권 강화다. 예를 들어 삼성물산은 자신들이 보유한 삼성전자 지분 5%를 매각하면 주가가 2배로 상승할 수 있다. 순환출자를 통한 지배력 유지 때문에 삼성물산은 삼성전자 지분을 전략적으로 보유하고 있었다. 삼성생명이 보유한 삼성전자 지분(8.5%)도 마찬가지다.

만일 삼성물산, 삼성생명의 소액주주가 결의하여 삼성전자 지분을 매각하면 삼성전자는 이씨 중심의 지배구조를 잃게 된다. 여기에 누가 가장 관심 있을까? 중국이다. 그동안 중국은 미국의 견제에 막혀 메모리 반도체 시장 접근이 어려웠다. 또한 인공지능 진화를 위해 HBM과 같은 고기능 반도체가 절대적으로 필요하다. 소액주주는 결국 외국인 투자자인데 중국 기관투자자들은 소수지분으로 삼성전자에 의미 있는 영향력을 행사할 수 있는 기회를 얻었다. 글로벌 이벤트 기반event driven 헤지펀드들이 이런 움직임을 놓치지 않을 것이다. 따라서 그들이 지금 삼성전자를 사지 않을 이유가 없다. 그러나 그들은 핫머니hot money적인 성격이 강하다. 삼성전자가 궁극적으로 중국의 질서 아래로 들어간다면 반도체 원천기술을 보유한 미국의 견제를 받고, 험로를 걸을 것이다.

TEN BAGGER

제3장

소형 원자로와 차세대 하드웨어들
AI 인프라와 에너지

PORTFOLIO

전기 먹는 괴물, 인공지능

구글 검색을 할 때의 전기 소모량은 0.2~1Wh인 반면, 챗 GPT에 질의를 하면 20Wh의 전력이 소모된다. 즉 인공지능이 스마트해질수록 전기 사용이 기하급수적으로 증가한다. 전기차 판매량은 세계적으로 둔화됐다. 보조금도 급감했다. 전기가 부족하기 때문이다. 결국 전기 공급 인프라를 확보하지 못할 경우 인공지능 추론 서비스도 늦어질 수밖에 없다. 하지만 앞서 언급한 대로 신냉전 시대에 각국이 경쟁에서 이기려면 서둘러 인공지능을 발전시켜야 하므로 전기공급 인프라 구축에 박차를 가할 것이다.

한동안 인류는 태양광, 풍력 등 자연에서 전기를 얻고자 했다. 문제는 그런 신재생 에너지는 사막이나 바다 등 격오지에 풍부한데 송전망이 부족하다는 것이다. 예를 들어 산맥을 넘어오는 송전망 구축에는 천문학적인 자금이 소요되고, 또 지역 주민들의 초고압 송전망 설치 반대도 심하다.

이에 대한 대안으로 사막이나 바다에서 만든 저렴한 신재생 전기로 물을 분해해 수소를 추출하고, 그 수소를 필요한 곳으로 이동시켜 전기를 얻는 방법이 있다(수소를 공기 중 산소와 결합하면 물이 생성되는 과정에서 전기가 발생한다). 이를 녹색수소^{green hydrogen}라고 하며, 관련 기업으로 플러그파워^{PLUG POWER}, 블룸에너지^{BLOOM ENERGY} 등이 있다.

문제는 물을 구성하는 두 원소인 수소와 산소가 강하게 결합해 있어 분해하기가 쉽지 않다는 것이다. 분해를 하는 데 많은 에너지가 소모될 뿐 아니라 반응이 너무 격렬해 물 분해 장비(전해조)가 쪼개질 정도다. 한편 신재생 에너지는 간헐적으로 만들어져 배터리를 갖춰야 하는데 배터리 분야에도 여러 과제가 있다. 이에 따라 유럽연합은 2022년 7월, 안정적인 전기를 얻을 수 있는 원자력 발전을 탈탄소 과도기의 친환경 에너지로 조건부 승인했다. 2025년 5월 23일, 트럼프 대통령도 '행정명령 14299: Deploying Advanced Nuclear Reactor Technologies for National Security'을 통해 2026년 7월까지 최소 3개의 소형 원자로를 건설할 것을 지시했다.

소형 원자로,
될 수밖에 없다

　대형 원자력 발전소를 지어서 발전 용량을 2배로 키웠다고 가정해 보자. 그 전기를 보낼 송전망이 있는가? 전력을 보낼 때는 전류가 아닌 전압을 높인다. 전류를 올리면 저항이 증가해 열이 발생하고, 송전 손실이 증가하기 때문이다. 그런데 전압도 무작정 높일 수 없다. 그러면 전선 밖으로 샌다. 이 경우 송전 손실도 발생하지만 감전 및 송전시설 손상 등의 부작용이 따른다. 전 세계적으로 현재 송전망에는 감내할 수 있는 범위 중 최고의 전압이 걸려 있어 송전 능력을 키우는 것은 매우 어렵다. 근래 들어 세계적으로 전기 요금이 오르는 이유도 송전시설들이 그동안의 과부하를 못 견디고 손상되어, 그 교체 비용이 급증했기 때문이다.

대책은 분산형 전력망이다. 예를 들어 소형 원자로를 곳곳에 배치하면 지역의 전력 부족을 자체적으로 해소할 수 있어 중앙(기지) 발전 의존도를 낮추고, 송전량을 획기적으로 줄일 수 있다.

소형 원자로는 대형 원전에 비해 규모가 작다. 이는 부피 대비 표면적이 넓어 열전달이 빠르다는 의미다. 그만큼 성능이 탁월할 뿐만 아니라 구조가 단순해 제어가 수월하고 안전하다. 특히 켜고 끄기가 쉽다. 반면 대형 원전은 안전장치가 더덕더덕 붙어 있고 어떤 고장이 있을지 불안하다. 켜고 끄는 데도 많은 시간이 걸린다. 대형 원전은 가동률을 80% 밑으로 내리기 어렵지만 소형 원자로는 20~100% 사이에서 융통성 있게 가동률을 정할 수 있다. 심지어 소형 모듈 몇 개를 붙였다 떼는 일도 가능하다. 즉 대형 원전은 24시간 전기를 생산하는 기저 발전에만 사용할 수 있지만 소형 원자로는 기저 발전뿐 아니라 전력의 과부족을 해소하는 첨두 발전에도 사용할 수 있는 것이다.

소형 원자로 관련 문제를 미국의 입장에서도 생각해보자. 세계 에너지 판도에 가장 큰 영향을 미칠 수 있는 나라이기 때문이다. 미국은 대형 원전 건설 능력을 상실했다. 웨스팅하우스 WESTINGHOUSE ELECTRIC COMPANY는 2013년 조지아주에 대형 원전 보그틀 Vogtle 3, 4호기를 착공하여 2017년 완공을 목표로 했으나 2023년 7월에야 완공했다. 대형 원전 건설에는 일반적으로 7~9년이 걸리지만 세계 최초로 모듈화를 통해 공사 기간을 4~5년으로 단축시키겠다는 포부였다. 그러나 핵규제위원회^{NRC}의 승인이 늦어지며 결국 10년 넘게 공사를 진행했고, 그 결과 발전 단가가 예상 대비 2.4배 높아졌다. 이는 미국의 대형 원전 건설 전문 인력 및 경험이 고갈됐음을 시사하는 사건이다. 이로 인해 웨스팅하우스는 2017년 3월 파산 보호를 신청했다(추후 인수 과정에서 우라늄 채굴 및 정제 회사인 캐나다의 카메코^{CAMECO}가 웨스팅하우스 지분 49%를 획득했다).

반면 소형 원자로는 대형 원전 같은 대규모 건설 프로젝트가 아니다. 오히려 고부가 제조 기술에 가깝다. 특히 소형 원자로에 사용되는 특수합금은 미국이 주도하는 위성 및 휴머노이드 제작에도 사용되는 소재로, 생산 인프라가 갖춰져 있다. 또한 미국은 고농도 핵연료 정제 기술에서 앞서 있다. 우라늄 농축은 원석을 원심분리기로 돌려 추출하는 과정인데, 소형 원자로의 성능을 높이려면 고농축 우라늄을 사용해야 한다. 하지만 농축 정도를 높일수록 폭발 위험이 높아지는 등 어려움이 따른다. 예를 들어 소형 원자로는 핵잠수함 엔진으로 사용되는데, 미국은 93% 농도의 핵연료를 사용하는 반면 러시아 핵잠수함의 핵연료 농도는 30~40%에 그친다.

사실 소형 원자로 설계는 2017년경 본격화되었다. 당시 핵 강국이었던 한국 정부는 원자력 발전을 억제하는 태도를 보인 반면, 미국은 관련 정책을 적극적으로 추진해 필요한 특허를 선점했고, 한국은 그 특허들을 피하기가 어려워졌다. 그만큼 미국은 소형 원자로를 보급하는 데 거부감이 없을 것이다.

소형 원자로는 안전한가

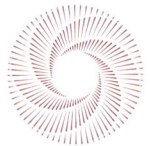

작은 크기 자체가 안전성을 담보한다

소형 원자로는 지역 곳곳에 위치해 전기 과부족을 해소해야 한다. 그러려면 우리 생활권 근처에 있어야 하므로 안전이 무엇보다 중요하다. 우선 크기에서 기인하는 안전성에 대해 살펴보자.

원자로는 작을수록 부피당 표면적이 커지고 열전달이 빨라 제어가 편하고 안전하다. 원자로 내에서 발생한 증기는 위에서 열교환기를 통해 열을 빼앗기고 그 열은 에너지로 사용된다. 이후 식은 증기는 무거워져 내려오며 순환 운동을 하게 된다. 대형 원전에서는 이 과정이 원활하지 않아 순환을 돕는 펌프를 설치하는데, 만일 펌프가 고장

나거나 정전이 일어나면 큰 사고로 이어질 수 있다. 반면 소형 원자로는 고성능 및 탁월한 제어로 인해 증기 순환이 원활하다면 펌프 없이 자연대류를 통해 안전성을 높일 수 있다.

이렇게 기존 3세대 경수로 원전의 규모만 줄여 효율성을 높인 소형 원자로를 3.5세대라고 하며, 미국의 뉴스케일 파워^{NUSCALE POWER}가 대표기업이다. 3.5세대 소형 원자로는 기존 원전과 구조가 같고, 또 뉴스케일 파워의 공동 창업자인 호세 N. 레예스^{José N. Reyes}가 미국의 핵규제위원회 자문위원을 역임한 바 있기 때문에 해당 위원회의 승인을 빠르게 받을 수 있었다.

더욱 안전해진 4세대 소형 원자로

원자로의 구조를 간략히 알아보자. 원자로에 중성자를 투입하면 그것이 핵연료인 우라늄 235를 쪼개고, 그 과정에서 질량 손실이 일어나는 만큼 에너지가 발생한다. 그런데 중성자는 속도가 빨라 핵연료에 들어가기 어렵고, 핵분열 반응률도 떨어진다. 그래서 중성자를 다른 물질과 충돌시켜 속도를 줄이는 과정이 필요하다. 기존 경수로 원전에서는 이 감속재로 물을 사용한다. 물 안의 수소가 중성자와 크기가 비슷하여 감속 효과가 탁월하기 때문이다.

문제는 물이 고온에 증발한다는 것이다. 이를 방지하기 위해 원자로 내의 압력을 높여 끓는점을 올려야 한다. 압력이 커지는 만큼 폭발 가능성이 생기므로 위험하다. 반면 4세대 소형 원자로에서는 감속재로 나트륨을 사용한다. 나트륨은 끓는점이 섭씨 883도로 매우 높다. 따라서 원자로의 압력을 높일 필요가 없어 그 자체로 안전하다.

사고 발생 시 대책까지 설계부터 감안

2011년 일본 후쿠시마 원전 사태를 떠올려보자. 지진으로 인해 원자로에 균열이 생겨 격납고에 수소가 차기 시작했다. 화재도 있었다. 폭발 가능성이 생긴 것이다. 수소는 가벼워 빠르게 구멍 밖으로 빠져나갈 것이므로 해결 방법은 간단하게도 격납고에 구멍을 뚫는 것이었다. 그러나 일본 정부는 어리석게도 헬리콥터로 바닷물을 격납고 위에 뿌리며 열을 식히려 했다. 왜 그랬을까? 원자로가 녹아내리는 데 반나절도 걸리지 않았다. 즉 대책을 생각할 여유가 없어 당황했던 것이다. 소형 원자로는 이런 일을 막고자 설계 때부터 유사시 대책을 감안한다. 예를 들어 사고가 발생하면 소형 원자로 주변에 수영장처럼 물이 찬다. 녹아내리는 시간을 한 달 정도 지연시킴으로써 대비할 수 있는 시간적 여유를 만드는 것이다.

소형 원자로가
국방 분야에 가져올 변화

4세대 소형 원자로는 감속재로 물 대신 나트륨을 사용한다고 설명했다. 그런데 나트륨 분자는 중성자보다 훨씬 커서 감속 효과가 떨어지고, 그만큼 중성자가 핵연료로 덜 유입되어 핵반응이 약화된다. 즉 4세대 소형 원자로에서 나트륨은 감속재 기능보다는 원자로 내부의 열을 밖으로 전달하는 냉각재 기능이 강하다고 보면 된다. 그렇다면 핵반응 약화는 어떻게 해결할까? 고농축 우라늄을 사용하여 핵반응을 증폭시키면 된다.

핵연료로 사용하는 우라늄은 크게 235번과 238번으로 나눌 수 있다. 무게를 기준으로 함량을 따지면 우라늄 원석에서 235번은 0.7%, 238번은 99% 이상이라고 한다. 그런데 일은 대부분 235번이 하고,

그렇기에 3세대 경수로 원전의 핵연료로는 천연 우라늄을 원심분리기로 돌려 235번 함량을 3%까지 끌어올린 것을 쓴다. 4세대 소형 원자로에서는 이 235번 우라늄 비중을 20%까지 높인다. 그 결과, 4세대 소형 원자로의 경우 중성자가 빨라 핵연료 안으로 쉽게 들어가지는 못하나 일단 들어간 중성자는 훨씬 많은 핵분열을 일으킨다.

그렇다면 핵연료 안으로 들어가지 못한 중성자는 어디로 갈까? 우라늄 238번으로 들어가 플루토늄을 만든다. 4세대 소형 원자로 폐기물에서는 플루토늄을 쉽게 추출할 수 있는데, 이를 핵연료로 재사용할 수도 있지만 유사시 핵무기의 원료로 사용할 수도 있다.

세계는 지난 40년 동안의 글로벌화를 뒤로 하고 '각자도생'의 시대로 접어들었다. 갈등이 생길 테고, 국방비 부담도 증가할 텐데 그럴수록 비용 대비 강한 화력을 갖고 있는 핵무기에 대한 관심이 높아질 것이다.

예를 들어 한국과 일본은 신재생 발전이 쉽지 않아 에너지 수입 부담이 늘어나게 될 것이라는 고민을 갖고 있다. 두 나라 모두 산이 많아 태양광 패널 설치 면적이 부족하고, 바다가 갑자기 깊어져 해상풍력 발전기를 세우기도 어렵다. 지정학적으로 예민한 곳에 위치해 국방비 부담이 늘어날 조짐인 것도 걱정이다. 그런데 소형 원자로는 이 두 가지 고민을 단번에 해결해줄 수 있다. 물론, 한국과 일본만 이런 고민을 하지는 않을 테다.

소형 원자로 보급이
지연되는 이유는?

발전 단가 하락은 획기적이나 초기 시행착오

먼저, 기존 경수로의 구조를 그대로 사용하되 규모만 줄인 3.5세대 소형 원자로의 발전 단가를 신재생 에너지와 비교해보자. 여기서 발전 단가란 LCOE(Levelized Cost of Electricity)를 말하는데, 이는 발전소 수명 기간 동안 소요되는 모든 비용(즉 건설 비용, 연료 비용, 유지 비용, 금융 비용 등)을 수명 기간 동안의 발전량으로 나눈 것이다. 예를 들어 뉴스케일 파워 3.5세대 소형 원자로의 발전 단가는 현재 태양광이나 해상풍력 발전에 에너지 저장장치[ESS]를 더한 것과 비슷한 수준이다.

그런데 소형 원자로는 신재생 에너지보다 월등한 장점이 두 가지 있다. 첫째, 송전망의 한계에서 자유롭다. 태양광, 풍력 발전으로 생산한 전력은 사막이나 바다에서 갖고 오기가 어렵지만 소형 원전은 전기가 필요한 곳곳에 설치가 가능하다. 둘째, 소형 원자로는 300~1,000도의 열에너지를 별도로 얻을 수 있다. 그 열은 다양한 곳에 쓸 수 있으며, 전기를 더 만드는 데 사용할 수도 있다. 이 경우 3.5세대 소형 원자로의 발전 단가는 천연가스 발전 수준으로 내려온다. 그런데 천연가스 발전소는 도시가스가 보급된 지역에만 위치할 수 있다. 또 지역에 소형 천연가스 발전소를 세울 경우 효율이 떨어져 발전 단가가 급등하므로 지역 분산형 발전원으로서 송전망의 한계를 극복할 수 있는 솔루션은 소형 원자로뿐이다.

발전 단가(LCOE) 비교

발전 유형	발전 단가 (LCOE/MW)	비고
소형 원자로 (뉴스케일 파워의 77MW 발전 기준)	13~20만 원	- 300도가 넘는 열에너지 활용 가능 - 지역 분산형 발전망에 유용 - 기저 발전, 첨두 발전 모두 가능(켜고 끄기가 수월)
해상풍력 + ESS(전력 저장장치)	17~23만 원	- 송전망에 한계
태양광 + ESS(전력 저장장치)	12~20만 원	
천연가스 발전	6~9만 원	- 100도 이상의 열에너지 사용 가능 (소형 원자로의 300도 이상되는 열에너지를 발전에 사용할 경우 천연가스 발전 단가와 비슷) - 단, 천연가스는 지역 분산형 발전에 한계

주) 송전 비용 미포함

그럼에도 소형 원자로의 보급이 늦는 이유는 상용 기술의 미성숙 때문이다. 뉴스케일 파워의 3.5세대 소형 원자로 건설의 대표 프로젝트가 유타주에 전력을 공급하는 'Carbon Free Power Project(탄소 없는 전력 프로젝트)'였다. 원래는 2025년 12월 착공해서 2029년에 완공될 예정이었으나 2023년에 취소되었다. 발전 단가가 당초 예상보다 60% 상승했기 때문이다. 3.5세대 소형 원자로의 구조는 기존 경수로와 같아 이미 핵규제위원회로부터 승인을 받았지만 처음 만들어보는 것이므로 시행착오가 있을 수밖에 없다.

결국 3.5세대 소형 원자로의 이론적인 발전 단가는 천연가스 발전보다 낮아질 수 있지만 의외의 문제들이 이를 방해할 것이다. 예를 들어 소형 원자로는 표면적이 넓어 성능이 우수하고, 제어가 용이하여 별도의 펌프 없이 자연대류가 가능하고, 그만큼 안전하다고 설명했다. 그런데 지금은 그렇지 못하다. 자연대류가 원활하려면 뜨거운 증기가 충분히 식을 수 있는 높이가 보장되어야 하는데 크기가 작다 보니 그 높이가 확보되지 않는다. 그렇다면 다른 부품들을 소형화시켜 그 높이를 만들어야 하는데 그 일을 해내는 데 어려움을 겪고 있다(번외의 얘기지만 한국의 한 스타트업이 이 문제를 해결하고 있다. 소형 원자로 특허를 미국이 초기에 대량 출원한 현 상황에서 원자력 강국이었던 한국 업체들이 할 수 있는 일은 미국 업체들이 해결하지 못하는 문제를 풀어내는 것이다).

단, 소형 원자로 기술은 시행착오에 따른 학습 곡선이 가파르다. 대형 원전과 달리 공사 기간이 짧고, 여러 개를 한꺼번에 테스트할 수 있어 결과가 금세 도출되기 때문이다. 이로 인해 시간이 흐를수록 발전 단가 하락 속도가 빨라질 것으로 보인다.

고농축 우라늄 생산 인프라 부족

4세대 소형 원자로의 보급을 방해하는 요인이 하나 더 있다. 고농축 우라늄을 연료로 사용해야 하는데 미국이 그것을 러시아에 의존해왔다는 것이다. 이상한 이야기다. 우라늄 농축 기술은 미국이 훨씬 우수한데 말이다. 그 원인은 2011년 후쿠시마 원전 사태에 있다. 이후 우라늄 가격이 폭락했고, 미국의 민간 우라늄 농축 업체들은 모두 도산하거나 철수했다. 사실 미국에서는 상업용 우라늄을 쓸 일도 별로 없기에 이런 상황이 방치되어왔다. 그동안 미국은 고농축 우라늄을 군사용으로만 사용해왔고, 그 기술은 BWX 테크놀로지스[BWX TECHNOLOGIES]가 보유하고 있다.

반면 러시아는 우라늄 매장량이 풍부하다. 그 장점을 극대화하고자 핵분열에 참여하지 않는 우라늄 238번을 활용하는 방법을 고안해냈는데, 바로 '고속로'다. 원자로 내에 감속재를 넣지 않으면 중성자는 속도가 빨라 우라늄 235번과 핵분열을 일으키기 어렵고, 결국 우라늄 238번과 핵반응을 일으켜 플루토늄을 생성한다. 플루토늄은 다시 핵에너지로 활용될 수 있고, 핵무기 재료로도 쓰일 수 있다. 그런데 중성자가 빠르면 플루토늄 생성에는 도움이 되나 고속로 가동에 문제가 되므로 핵반응을 돕기 위해 고농축 우라늄을 사용한다.

즉 고속로는 감속재를 쓰지 않는 대신 우라늄 235번 농도가 5~20%인 고농축 우라늄을 원료로 사용한다. 현재 러시아는 글로벌 고농축 우라늄 생산의 80~90%를 차지한다. 트럼프 대통령이 2025년 5월 23일에 서명한 '원자력산업 활성화를 위한 행정명령'에는 핵연료 농축 확대 내용이 포함되어 있다.

우라늄 채굴 기업인 캐나다의 카메코는 2017년에 부도가 난 웨스팅하우스의 지분 49%를 인수해서 소형 원자로 사업에도 간접적으로 참여하고 있다. 우라늄의 불순물 처리, 정제 사업도 여전히 진행 중이다. 한편 미국의 BWX 테크놀로지스는 핵농축 기술의 대표기업이며, 미국의 핵안보국[NNSA]과 핵연료 농축 사업을 추진하고 있다.

소형 원자로의 유형과
주목할 기업들

소형 원자로 운영 기업들

대형 원자로의 발전 용량을 1,000MW(메가와트) 이상으로 본다면 소형 원자로의 발전 용량은 70~300MW 정도다. 더 작은 마이크로 원자로^{MMR}(Modular-type Modular Reactor)는 20MW 이하다. 소형 원자로는 지역의 전기 부족을 해결해 중앙에서 공급할 때의 송전 부담을 줄이는 데 유용하고, 마이크로 원자로는 섬이나 광산처럼 중앙에서 전기가 공급되지 못하는 격오지의 독립적인 발전원으로 적합하다.

예를 들어 데이터센터나 로봇을 사용하는 산업단지의 자체 발전원으로써 해당 시설에 특화된 마이크로 원자로를 설계할 수 있다. 핵잠수함이나 핵항공모함 등의 독립적인 발전원으로도 오랜 기간 마이크로 원자로가 사용됐고, 향후 위성이 군사적으로 사용되어 대륙 간 탄도미사일을 직접 레이저로 요격하는 기능 등을 수행하려면 많은 에너지가 필요할 것이므로 더욱 다양한 마이크로 원자로의 출시가 기대된다.

특히 최근에는 어두운 공장이 늘어간다. 사람은 집에서 일하고 생산 현장에는 로봇만 있으므로 불을 켤 이유가 없는 것이다. 굳이 사람이 출퇴근하기에 용이한 곳에 데이터센터나 생산시설이 위치할 이유도 없다. 외곽에 위치하는 것이 비용 효율적이다. 단, 그곳까지 송전망을 연결할 수 없으니 독립 발전원이 필요할 테고, 결국 어두운 공장이 확산되는 만큼 마이크로 원자로의 수요도 증가할 것이다.

지금의 경수로 구조의 3.5세대 소형 원자로의 대표기업은 앞에서도 말했듯 미국의 뉴스케일 파워다. 그 외에 미국의 웨스팅하우스, 영국의 롤스로이스 ROLLS-ROYCE HOLDINGS, 미국-일본 연합의 GE 히타치 뉴클리어 에너지 GE HITACHI NUCLEAR ENERGY 등이 있다. 4세대 소형 원자로 기업으로는 빌 게이츠가 2006년에 설립한 테라파워 TERRA POWER(비상장)가 대표적이다. 한국에서는 SK 이노베이션 등이 이 회사에 투자했다.

고온 가스로는 핵연료를 실리콘 카바이드 SiC(Silicon Carbide)로 싸고, 흑연으로 한 번 더 포장해 사용한다. 그러면 연료가 탁구공만 해지는데 그것을 몇 개씩 모아 흑연으로 한 번 더 감싼다. 핵연료마다 세 겹으로 격납고를 두는 꼴이므로 핵 유출 위험으로부터 안전해진다. 여기서 흑연은 감속재 역할을 하며, 고온의 증기에서 열을 탈취해 밖으로 유출하는 냉각재 역할은 헬륨 가스가 맡는다. 헬륨은 다른 물질과의 반응성이 낮아 주변 장치를 부식시키지 않고 자신의 역할만 하므로 효과적이다.

고온 가스로 기업으로는 미국의 엑스에너지^{X ENERGY}(비상장)가 대표적으로, 아마존이 2024년 10월에 5억 달러를 투자했다. 한국 기업으로는 두산과 대림이 투자에 참여했다. 지금 고온 가스로 가동에 가장 적극적인 곳은 중국으로, 칭화대학교에서는 이미 시험 가동 중이다.

한국에서는 현대건설이 4세대 나트륨, 소듐 기반의 소형 원자로에, 그리고 포스코 E&C가 4세대 고온 가스로 방식의 소형 원자로 개발에 투자하고 있지만 미국의 포괄적 소형 원전 특허를 피하기가 쉽지 않아 보인다. 반면 두산 에너빌리티는 소형 원자로 개발보다는 열교환기, 증기발생기 등 핵심 부품 개발에만 집중해 어느 방식이 우세를 보이든 수혜를 보겠다는 입장이므로 전략에 설득력이 있어 보인다.

마이크로 원자로 운영 기업들

마이크로 원자로의 상용화 정도는 소형 원자로보다 빠르다. 그런

만큼 거래소 상장 업체도 많다. 원자로가 작으면 고성능이고 제어도 쉽다고 설명했는데, 마이크로 원자로에서는 자연대류 등 소형 원자로가 아직 처리하지 못한 문제를 성능과 제어 능력에 힘입어 이미 해결했다. 투자 부담이 적다는 것도 조기 상용화에 도움이 되고 크기가 작아 운송이 편하다는 것도 장점이다. 즉 대량생산을 통해 원가를 낮추고, 필요한 곳에 쉽게 보낼 수 있다. 주로 격오지에 위치하므로 사고가 나더라도 피해가 제한적인 점도 규제를 피하는 데 도움이 된다.

군사용 마이크로 원자로에서 오랜 경험을 갖고 있는 기업은 'BWX 테크놀로지스'다. 군사위성, 핵잠수함 등에 쓰이는 마이크로 원자로 설계 및 고농축 핵연료 가공을 오래 했다. 미국 국방부는 육상용 이동식 마이크로 원자로 프로토타입 개발 사업^{Project Pele}을 BWX 테크놀로지스에 발주했다. 격오지에 위치한 미군 기지에 전력을 공급하기 위함이다. 2028년에 상용화될 예정이며, 이와 같은 마이크로 원자로를 민간용으로도 개발하여 2030년대 초부터 출시할 계획이다. 특히 4세대 소형 원자로, 마이크로 원자로 모두 고농축 핵연료를 사용할 텐데 BWX 테크놀로지스는 핵연료 농축이 가능한 거의 유일한 민간 기업이다(핵연료 농축 사업은 정부 기관만 할 수 있는 것으로 제한되어 있는데 BWX 테크놀로지스는 방산 기업으로서 참여가 가능할 것으로 보인다).

오클로^{OKLO}는 오픈AI의 CEO인 샘 올트먼이 4.8%의 지분을 보유한 마이크로 원자로 기업이다. 오클로는 오픈AI의 데이터센터에 2044년까지 최대 12GW(기가와트)의 전력을 공급한다는 계약을 맺었다(구속력 있는 계약은 아니다). 오클로는 첫 마이크로 원자로 오로라Aurora의 상용화 시기를 2027년 말, 2028년 초로 주장하고 있지만 현실적으로는 2028~2030년 정도가 될 것으로 보인다. 오클로는 냉각재로 나트륨을 사용하는데 폐연료의 재활용이 쉽기 때문으로 보인다. 단, 나트륨은 수분과 접촉 시 폭발 위험이 있어 대책이 필요하다.

나노 뉴클리어 에너지NANO NUCLEAR ENERGY도 2024년 5월 나스닥에 상장된 마이크로 원자로 기업이다. 여기에 블랙록BLACKROCK, 뱅가드VANGUARD 등 금융기관이 참여했다. 특징은 기존 경수로 구조라는 점이다. 마이크로 원자로는 고기능이어야 하고, 또 고립된 시설이 다할 때까지 유지되어야 하는 등 긴 수명이 필요해 고농축 핵연료를 사용하는 4세대가 적합하다. 기존 경수로 구조를 채택한 이유는 핵규제위원회로부터 승인을 빨리 받아 시장을 선점하기 위함으로 보이지만, 기능이 뒤떨어져도 상관없는 틈새시장 공략 정도에 그칠 가능성이 높다.

기업 소개 소형 원자로 & 마이크로 원자로 기업들

테마	기업명	특징	시가총액 (단위: 조)	PER (배)
3.5세대 소형 원자로	뉴클리어 파워 (NYSE: SMR)	- 가장 먼저 소형 원자로 규제 승인	15.4	-
4세대 소형 원자로	테라파워 엑스에너지	- 테라파워는 빌게이츠가 2006년 설립(소듐 기반) - 엑스에너지는 아마존에서 투자(고온 가스로 방식)	비상장	비상장
마이크로 원자로	BWX 테크놀로지스 (NYSE: BWXT)	- 군사용 마이크로 원자로에서 풍부한 경험. 민간 사업으로 확장 - 핵 농축 능력(민간 기업으로는 거의 유일)	26.6	63.4
마이크로 원자로	오클로 (NYSE: OKLO)	- 오픈AI 데이터 센터에 필요한 마이크로 원자로 공급 계약 (샘 올트먼이 지분 4.8% 보유)	28.7	-
마이크로 원자로	나노 뉴클리어 에너지 (NASDAQ: NNE)	- 기존 경수로 형태의 소형 원자로. 소형 틈새시장 공략 - 조기 상용화 전략	3.2	-
핵연료	카메코 (NYSE: CCJ)	- 에너지가 화석연료에서 원자력으로 이동 수혜 - 웨스팅하우스 지분 49% 보유(소형 원자로 시장 간접 참여)	54.9	100.9
원자로 부품	두산 에너빌리티 (KRX: 034020)	- 증기 발생기, 열 교환기 등 소형원자로 핵심부품 생산	51.8	-

주) 시가총액, PER은 2025.10.25 기준

청록수소가
숨어 들어온다

소형 원자로를 통한 수소 발전 단가의 하락

수소는 오랫동안 에너지원으로 검토되었다. 흔한 물질이기 때문이다. 친환경을 위해 녹색수소가 먼저 검토되었다. 태양광이나 바람은 사막이나 바다에 많다. 그곳에서 만들어진 신재생 전기를 송전망이 부족해 가져올 수 없다면 버리지 말고 남는 전기로 물을 분해해 수소를 얻고, 그 수소를 전기가 필요한 곳으로 이동시켜 발전에 쓰면 된다는 개념이다. 그런데 여러 단계를 거쳐야 하므로 발전 단가가 비쌀 수밖에 없다.

미국 가정이 부담하는 전기료는 1kWh당 17센트 정도다. 주로 천연가스를 태워 만들어진 전기다. 상업용 및 산업용 전기료는 각각 13센트, 8센트 정도다. 반면 녹색수소를 쓰면 사막이나 바다처럼 신재생 효율이 좋은 지역에서 수소를 만들어 가져와 발전해도 단가가 1kWh당 24센트에 이른다. 여기에 지역 송전 비용까지 더하면 가정에 도달하는 전기료는 32센트까지 상승한다. 현재 가정용 전기료의 2배, 산업용 전기료의 4배다. 소형 원자로는 초기를 지나 안정기에 접어들면 발전 단가가 1kWh당 13~17센트로 추산되는 바, 현재의 천연가스 발전을 통한 요금과 비슷할 전망이다.

수소 경제의 활성화가 늦는 것도 부담스러운 발전 단가 때문이다. 정부가 보조금을 지급해 빨리 키우는 친환경 분야라 해도 어느 정도 상업성이 뒷받침되어야 하므로 수소는 뒤로 밀려왔다. 따라서 정치적 차원에서 친환경이 극단적으로 강조되지 않는 한 수소는 지지기반을 얻기 어렵다. 특히 트럼프처럼 친환경을 부정하는 정치인들 밑에서는 더욱 그렇다.

그런데 청록수소$^{turquoise\ hydrogen}$로 형태를 바꾸면 이야기가 달라진다. 청록수소는 천연가스, 즉 메탄을 분해해 추출한다. 현재는 메탄에 뜨거운 수증기를 가해 탄소와 수소를 분해해 수소를 얻는데, 남은 탄소가 수증기의 산소와 결합하여 이산화탄소가 되어 지구온난화 문제가 발생한다. 이를 회색수소$^{gray\ hydrogen}$라고 한다. 청록수소는 수증기 대신 열과 촉매를 사용한다. 열을 비롯한 에너지를 가해 탄소와 수소를 분리하는 것은 회색수소와 비슷하지만 촉매를 통하므로 에너지를 덜 가해도 쉽게 분리할 수 있고, 이산화탄소 발생도 없다.

> **| 용어 설명 |**
>
> **청록수소의 어원**
>
> 회색수소에서 발생하는 이산화탄소를 포집해 재활용하는 방식을 블루수소^{blue hydrogen}라고 한다. 청록수소는 친환경 측면에서 녹색수소와 블루수소의 중간이라는 의미다. 추출 중에 이산화탄소는 전혀 배출되지 않지만 원료인 천연가스를 채굴할 때 대기 중으로 천연가스가 새어 나가므로 완전히 친환경적이라고는 인정하지 않는다. 보석 가운데 터키석이 있는데 그 빛깔이 녹색과 파란색을 섞은 것이다. 그래서 청록수소의 영문이 turquoise hydrogen이다.

소형 원자로의 도입과 함께 청록수소가 보급될 수 있는 요인은 두 가지다. 첫째, 1장에서 설명했듯 소형 원자로 도입 이야기만 나와도 유가는 급락할 수 있다. 청록수소를 만드는 원료(메탄) 가격이 크게 낮아진다는 것이다. 둘째, 소형 원자로에서 발생하는 열을 활용할 수 있다. 소형 원자로는 전기뿐 아니라 300~1,000도의 고열을 발생시킨다. 그 열에너지와 촉매를 이용해 천연가스를 수소와 탄소로 분리할 수 있다. 여기서 얻는 탄소를 지금은 타이어의 소재인 카본블랙으로 만들어 파는데, 그 수익만큼 수소 생산 단가는 하락한다.

청록수소 생산 단가는 근래의 카본블랙 가격을 감안할 때 1kg당 1.5~2달러 정도다. 여기서 원료인 천연가스(메탄) 비용은 0.6달러 정도인데 유가 하락으로 인해 그 비용 부담이 경감할 경우 청록수소를 통해 얻을 수 있는 전기료는 1kWh당 17센트 정도로 추산된다. 소형 원자로는 지역에 설치될 것이므로 여기서 만들어진 수소의 이동 거리는 짧아 운송 비용이 줄어들 것이다. 그러면 지금 미국의 가정용 전기료와 비슷한 수준이 될 수 있다(물론 소형 원자로 및 수소 저장 인프라가 충분히 구축되었을 때의 이야기다).

발전 방법에 따른 전기 요금 비교(미국 기준)

사용 용도	현재 소비자 가격 (1kWh당, 센트)	발전 방법	현재 소비자 가격 (1kWh당, 센트)
가정용	17	녹색수소(바다, 사막 발전 기준)	32
상업용	13	청록수소(유가 배럴당 50달러 하향 돌파 시)	17
산업용	8	청록수소(고부가 탄소로 개발)	0?
		소형 원자로	13~17

그런데 청록수소를 얻는 과정에서 생긴 부산물인 탄소를 카본블랙이 아닌 그래핀, 탄소 나노튜브, 배터리 음극재 등 고부가 제품으로 추출하는 기술이 개발된다면 수소는 무료로 얻고, 오히려 수입이 생길 수도 있다. 이 경우 청록수소 생산과정에 열을 공급하는 소형 원

자로의 가치도 증가할 수 있다. 결국 관건은 부산물인 탄소를 어떻게 '고부가화'하느냐이다.

> **청록수소의 시대가 올 수밖에 없는 이유**
>
> 소형 원자로의 도입으로 유가가 급락할 경우 중동의 산유국 및 러시아가 모라토리움을 선언해 세계경제에 큰 위협이 될 수 있다. 미국도 세계 최대의 원유 보유국 아닌가? 에너지 패권이 전기로 돌아서면 석유 자원을 모두 버릴 것인가? 아니라면 인공지능을 위한 전기도 얻고, 산유국들도 만족할 수 있는 전략은 무엇인가? 정답은 석유를 '고부가화'하는 것이다. 즉 석유를 자동차 연료로 태우지 말고, 수소와 탄소로 쪼개서 수소는 연료전지를 통해 전기 에너지로 전환하고, 탄소가 부가가치가 높은 소재로 개발하면 된다. 이것이 '청록수소'이며, 여기서 핵심은 탄소의 '고부가화'다. 탄소는 구조가 안정적이고, 다른 원자와 쉽게 결합할 수 있는 등 매력적인 소재로 고부가화를 위한 잠재력이 충분하다.

친환경으로 인해 수소를 쓸 수밖에 없는 분야

철강산업은 수소의 도입이 시급하다. 많은 사람들이 가열을 통해 용광로가 유지된다고 생각하는데 아니다. 철광석에는 산소가 붙어 있는데 그것을 떼어야 쓸 수 있다. 이를 환원 과정이라고 하는데 철광석에 탄소를 주입함으로써 이뤄진다. 그 과정에서 엄청난 열이 발생하면서 자연적으로 용광로가 만들어진다.

　이 과정에서 탄소가 산소와 결합해 이산화탄소가 생기고, 그 결과 지구온난화를 유발한다. 그 심각성으로 인해 환원 재료를 탄소가 아닌 수소를 사용하도록 규제가 강화되고 있다. 그러면 이산화탄소가 아닌 물이 생기므로 친환경이라는 것이다.

　그런데 이 환원 과정에서는 용광로 정도의 고열이 생기지 않는다. 따라서 가열할 수 있는 에너지(전기)가 필요하다. 또 철광석 환원을 위한 대량의 수소도 조달해야 한다. 만일 철강업계가 소형 원자로를 설치한다면 전기를 얻고, 부산물인 열에너지로 메탄을 쪼개 철광석 환원에 필요한 대량의 수소를 얻을 수 있다. 즉 지금 철강업계는 소형 원자로와 청록수소 조합에 큰 관심을 갖고 있고, 수소 저장시설도 검토 중이다. 수소는 이 밖에도 산소를 제거하여 부식을 막는 다양한 환원 과정에 사용된다.

　정유화학 시설에서도 수소가 필수적이다. 석유는 탄소와 수소의 결합인데 그 구조를 바꿈으로써 다양한 석유화학 제품이 만들어진다. 이때 필요한 다양한 화학반응에 수소가 쓰인다. 또한 석유에는 황이 함유되어 있는데 이것이 가솔린, 디젤 등 자동차 연료에 섞여 대기 중에 배출되면 환경오염이 극심해진다. 따라서 수소와 반응시켜 황화수소의 형태로 걸러낸다(탈황). 지금은 이 과정에 회색수소를 쓰지만 이를 녹색수소 및 청록수소로 바꾸자는 움직임이 있다.

가열용 에너지를 수소로 대체하는 경우도 있다. 자동차산업이나 조선산업에서는 도색 시 건조를 위해 천연가스로 가열을 하는데, 이를 수소로 대체하는 방안이 추진되고 있으며, 담금질을 통해 금속의 미세구조를 원하는 형태로 가공하는 열처리에서도 에너지원으로 쓰이던 LPG를 수소로 대체하고 있다.

이렇게 사용처가 증가해 수소 운반 및 저장 인프라가 확충될 경우, 수소 사용이 급증할 수 있는 또 다른 분야는 트럭을 비롯한 대형 차량이다. 승용차는 배터리가 적합하다. 배터리는 짧은 시간에 매우 큰 전류를 순간적으로 보낼 수 있어 모터를 돌릴 때 용이하기 때문이다. 즉 힘을 몰아서 쓰는 데 좋다. 그러나 에너지 저장용량에 한계가 있어 큰 힘을 오래 유지할 수는 없다. 또한 트럭은 장거리 수송이 일반적이므로 대용량 배터리를 탑재해야 하는데, 그럴수록 배터리 내 셀 간의 쏠림, 괴사 같은 문제가 기하급수적으로 증가하며, 성능도 감소한다.

반면 수소 연료전지는 꾸준한 힘을 장시간 유지하는 데 적합하다. 또한 수소 저장용기를 확대하는 것도 어렵지 않고, 충전 시 수소를 용기에 쏴서 채우면 되는 바 고속 충전도 문제없다. 따라서 장거리 주행이 필요한 트럭, 기차, 항공기 등의 운송수단에는 수소가 매력적인 에너지원이다.

특히 상업용 트럭을 전기로 구동시키고 디지털화하면 장거리 자율주행이 가능해지고, 그럼 인건비를 절감할 수 있다. 지금 테슬라, 볼보 등이 배터리 트럭을 먼저 출시한 이유는 수소 저장 인프라가 부족하고, 수소 연료전지 부품 생산 인프라보다 배터리 생산 인프라가 발달해 저렴하기 때문이다. 하지만 배터리 트럭은 주행거리가 짧아 자율주행에 한계가 있고, 내구성이 취약하다. 이런 점을 감안하면 수소 저장 인프라가 구축될수록 트럭의 에너지원은 수소 연료전지로 바뀔 것이다.

한편 향후 인공지능 추론 서비스 확대와 함께 등장할 이동형 산업용 로봇이나 휴머노이드도 꾸준한 힘을 오랜 시간 사용해야 하므로 수소 연료전지 사용이 적합하다. 무게 측면에서도 수소 연료전지가 훨씬 가볍다. 단, 순간적으로 힘을 내야 하는 용도의 로봇이라면 수소 연료 전지에 보조 배터리를 장착하는 하이브리드 형태도 가능할 것이다.

로봇만 일하는 산업시설이나 데이터센터 등의 시설은 송전망으로 연결하기 어려운 격오지로 나가고, 그곳에만 전력을 공급하는 독립발전원으로는 마이크로 원자로가 적절하다고 앞에서 설명했다. 그런데 그러려면 넓은 부지가 필요하다. 즉 대규모 생산시설이나 데이터센터에는 마이크로 원자로가 적합하지만 병원, 통신기지, 선박 같은 소규모 시설에서는 수소를 이용한 발전이 효과적일 것이다.

특히 마이크로 원자로를 설치할 경우 청록수소도 함께 도입하게 될 것이다. 즉 마이크로 원자로가 발생시키는 열로 천연가스의 수소와 탄소를 분리하여 수소 연료전지는 마이크로 원자로를 보완하는 전원으로 구동하고, 탄소는 산업 소재로 사용하는 형태가 유행할 것이다.

수소 경제를 이끌 눈여겨볼 기업들
― 플러그파워, 블룸에너지, 레조낙 홀딩스, 도레이

친환경에 관심이 높은 유럽과 진보 성향의 미국 민주당 바이든 정권은 녹색수소에 많은 보조금을 투자했다. 그러나 친환경에 우선순위를 두지 않는 트럼프가 집권한 이후에는 열기가 식었다. 중국은 전 세계 전해조 공급의 60%를 차지하는데, 트럼프의 무역장벽으로 전해조 수입이 차질을 빚고 있다. 또한 수소는 보급을 위해 저장 및 운송기지 등 인프라 투자가 절대적으로 필요한데 코로나 쇼크 이후 생긴 인플레와 고금리 때문에 투자가 위축된 것도 수소 관련 기업들에 부정적으로 작용했다. 그러나 정권은 바뀌기 마련이고, 금리는 세계경제 전체적으로 빚이 증가함에 따라 구조적으로 낮아질 수밖에 없다.

플러그파워(PLUG POWER, NASDAQ: PLUG, 시가총액 5조 원)

수소 관련 전체 분야에서 사업을 하는 기업이다. 연료전지 회사로 출발했지만, 지금은 녹색수소 밸류체인을 통합적으로 구축할 수 있는 거의 유일한 기업이다. 1997년 설립되어 1999년 상장됐다. 처음에는 친환경에 관심이 높은 유럽에 지게차 연료전지를 공급하며 성장했다. 2020년 6월 23일에는 유나이티드 하이드로젠UNITED HYDROGEN을 인수했는데 전통적으로 이 기업은 회색수소를 생산하여 액화시키고, 저장하는 기술을 보유한 곳이다. 플러그파워는 같은 날 대규모 녹색수소를 생산하는 전해조 기업인 기너 ELX GINER ELX도 인수하여 녹색수소를 생산·액화·저장하는 솔루션과 수소를 자동차 등 각 하드웨어에 적용할 수 있는 연료전지까지 모두 섭렵하는 기업이 되었다(산업용 연료전지만 하지 않는다).

2021년, 한국의 SK가 15억 달러를 투자하여 당시 지분 10%를 취득했다. 플러그파워는 소형 원자로와 직접 관련이 있는 청록수소가 아니라 신재생 전기를 이용한 녹색수소를 다루지만 수소 전반에 역량이 있어서 대표업체로 평가된다.

단, 녹색수소는 신재생 전기로 물을 쪼개며 생기는데 물의 결합력이 강해 쉽게 분해되지 않는다. 그만큼 반응이 격렬하다. 심지어 녹색수소를 만드는 플러그파워의 전해조 설비가 쪼개질 정도다. 그 결과 장비의 손상으로 인해 일회성 손실 폭이 컸고, 보조금 축소까지 더해져 자본잠식의 우려마저 생겼다. 유통 주식 수 가운데 공매도 잔고 비중이 40%에 달한다는 보도까지 있다. 반면 기관투자자들이 워런트를 구입했는데 그 전환 가격이 주당 7달러로 당시 주가보다 훨씬 높은 수준이어서 희망을 보여주기도 했다. 녹색수소에 부정적인 트럼프 집권 기간을 버틸 수 있느냐에 따라 주가의 변동 방향이 달라질 전망이다.

트럼프는 정말 수소에 부정적인가?

바이든 대통령은 신재생 에너지 및 녹색수소에 대해 보조금은 넉넉하게 주지만 수소 생산 규제 hourly matching를 요구했다. 이는 신재생 전기가 생기면 저장하지 말고 즉시 전력으로 공급하라는 것이다. 신재생 전기는 간헐적으로 발생하므로 ESS를 통해 저장하거나 전기 부족이 생길 때 천연가스 보조 발전기를 돌려야 한다. 바이든은 태양광, 풍력 등 다양한 신재생 발전을 한곳에서 하고, 그 발전시설을 대형화하면 발전 효율이 다소 낮아도 충분한 전기를 항상 공급할 수 있다고 생각했다. 그러니 보조금을 많이 주겠다는 것이었다. 발전업자 입장에서는 넉넉한 보조금은 고맙지만 대형 투자는 조심스러울 수밖에 없다. 반면 트럼프는 신재생 관련 보조금은 적게 주지만 수소 생산 규제는 완화해주고 있다. 그렇다면 발전업자는 '조그맣게라도 한번 해볼까?'라는 생각을 가질 수 있다. 또 트럼프가 녹색수소에는 부정적이나 천연가스를 원료로 사용하는 블루수소나 청록수소에 부정적이지는 않을 것이다.

블룸에너지(BLOOM ENERGY, NYSE: BE, 시가총액 37조 원)

격오지 산업시설, 데이터센터, 병원 등 독립된 시설에 필요한 전기를 공급하는 수소 연료전지를 생산한다. 독립 발전원 용도로 마이크로 원자로와 경쟁할 수도 있지만 함께 보완적으로 설치될 수도 있다.

블룸에너지의 연료전지는 700~1,000도의 고온에서 작동하므로 수소로 전기를 만드는 효율이 우수하며, 백금과 같은 고가의 촉매가 필요 없는 것도 장점이다. 수소를 공기의 산소와 결합하면 물과 전기가 만들어지는 과정에서 엄청난 열이 발생하고, 고온이 연료전지의 반응을 돕는다. 반면 플러그파워의 저온 작동 연료전지 PEMFC(Proton Exchange Membrane Fuel Cell)는 고온을 낼 수 없는 자동차 등에 적용되므로 연료전지 내의 이온과 전해질을 바꿔 열을 덜 내고 발생한 열은 외부로 유출하도록 설계됐다.

2001년 설립됐으며, 2018년 상장됐다. 수소로 산업용 전기를 만드는 기업들 중 가장 오랜 업력을 갖고 있다. 수소 연료가 부족할 경우 다른 발전원으로 보충하려면 비용이 급증하는데, 블룸에너지는 천연가스, 바이오가스 등 다양한 곳에서 수소를 조달해 발전 효율을 높이는 기술이 우수하다. 구글, 월마트 WALMART, 이베이 EBAY, 삼성, SK 등 글로벌기업들을 고객으로 보유하고 있다.

사람은 집에서 일하고, 공장에는 기계만 있는 디지털 트윈의 시대가 오고 있다. 생산시설도 사람이 사는 곳 가까이에 있을 이유가 없고 멀리 떨어질 것이므로, 수소(및 마이크로 원자로)를 사용하는 독립 발전원 수요가 늘어나면서 수혜를 입을 것이다.

레조낙 홀딩스(RESONAC HOLDINGS, TYO: 4004, 시가총액 10조 원)

청록수소에 대해 이야기하며 탄소를 다루는 기술의 중요성을 설명했다. 그동안 인류는 석유를 자동차 등 운송수단의 연료로 사용했다. 즉, 태웠다. 이는 에너지 효율도 낮고, 대기오염도 유발하는 어리석은 방법이다. 그렇다고 석유 자원을 버릴 수는 없다. 현명한 방법은 석유를 태우는 것이 아니라 촉매를 통해 탄소와 수소로 분리하는 것이다. 수소로는 전기를 만들어 사용하고, 탄소는 고부가 소재로 개발하면 된다. 지금은 탄소를 저부가 상품인 타이어의 소재 등으로 사용하고 있지만 향후 고부가 제품 구조로 바꿀 수 있다면 에너지 패권이 전기로 넘어가도 석유의 가치를 지킬 수 있을 것이고, 이를 통해 러시아, 중동 등 산유국은 몰락하지 않을 수 있다. 나노기술을 통해 탄소의 구조를 바꿔 고부가 제품으로 개발할 수 있는 글로벌기업으로 일본의 레조낙 홀딩스를 소개한다.

레조낙 홀딩스의 원래 이름은 쇼와덴코SHOWA DENKO로, 쇼와덴코는 1939년에 전기 회사와 비료 회사의 합병으로 탄생했다. 당시에는 비료가 화학의 중심이었으므로 화학 소재에 깊은 이해를 갖고 시작한 회사다. 사업의 일부로 알루미늄 정제 및 압연을 통해 알루미늄 박판을 만들어 전자재료 및 자동차 소재로 납품했다. 쇼와덴코의 강점을 극명하게 보여주는 기술은 CMP(Chemical Mechanical Planarization)다. 화학 소재를 똑같은 높이로 고르게 쌓는 나노기술로, 화학 소재를 부식시켜 기계적 가공이 쉽도록 만든 뒤 기계적으로 갈고 닦아 평평하게 만든다. 소재의 성분에 따라 갈리는 속도가 다르기 때문에 어려운 기술인데, 이 기술이 반도체, 배터리가 안정적 성능을 내는 데 핵심적이다. 반도체 소재를 독점하던 일본이 몇 년 전 한국에 공급을 제한한 사건이 있었는데 그 대상 기업 중 하나다(도쿄오카 공업, 신에츠 화학, 스미토모 화학, 아사히 카세이, 쇼와덴코).

2019년, 전자재료와 이차전지 소재를 개발하는 히타치 화학 HITACHI CHEMICAL COMPANY을 인수하여 쇼와덴코의 정밀화학, 기초 소재 기술을 반도체 및 이차전지 소재에 적용했다. 최근에는 반도체가 대량의 데이터를 빠르게 처리하면서도 열을 덜 내도록 차세대 소재를 개발하고 있는데, 각 소재의 장단점을 감안한 최적의 조합이 될 수 있도록 패키징하는 데 관심이 크다. 이 분야에서 스미토모 전기 SUMITOMO ELECTRIC INDUSTRIES는 반도체의 성능 향상을 위한 소재 조합에 집중하는 반면 쇼와덴코는 그 패키지의 기능이 안정적으로 발휘될 수 있도록 하는 데 주력한다. 2023년 1월, 계열사 간 합병으로 회사명을 레조낙 홀딩스로 변경했다.

탄소는 반도체, 배터리 소재로 널리 쓰이는데 레조낙 홀딩스는 나노 수준의 탄소를 다루는 기술에서 세계 정상에 있다. 예를 들어 최근 반도체 소재로 주목받는 실리콘 카바이드의 경우 불순물이 1ppm이라도 섞이면 결정이 오염되어 수율이 급락한다. 레조낙 홀딩스는 1970년대 후반에 세계 최초로 1ppm 이하 금속 불순물 수준의 흑연(탄소)을 상용화했고, 이것이 표준이 되었다. 배터리 음극 및 전해조 전극 소재로 전기가 잘 통하는 탄소를 쓰는데, 탄소의 순도가 낮을 경우 성능 저하, 수명 단축, 폭발 위험 등 부작용이 따른다.

청록수소 생산에 있어서도 천연가스의 수소를 떼어내고 남은 탄소를 나노 상태에서 불순물 없이 고부가 구조로 합성하는 것이 핵심인데 그 기초 기술을 완벽하게 갖고 있는 기업이다.

도레이(TORAY, TYO: 3402, 시가총액 15조 원)

수소 저장용기와 관련해 일본의 도레이도 주목할 만하다. 수소는 입자가 작아서 저장용기 사이에 스며들고, 결국 저장용기를 과자 부스러기처럼 부순다(취성). 그래서 수소가 새지 못하도록 내피(라이너)를 입혀야 한다. 또 기체 상태의 수소는 부피 대비 에너지 밀도가 낮아 압축해야 한다. 수소 저장용기는 수소가 밖으로 나오려는 힘을 버티기 위해 질긴 탄소섬유로 외곽을 감싸는 형태여야 한다. 즉 탄소섬유 외피 안에 내피를 접착시킨다.

탄소섬유의 인장강도는 철의 10배 이상이며, 밀도는 5분의 1 이하다. 즉 가볍고 강하다. 문제는 일정량의 수소를 저장하는 데 드는 비용이 철강보다 3배 비싸다는 것이다. 최근에는 저렴한 철을 가공해서 인장강도를 2.5배까지 개선시키는 방법이 등장했다. 1) 열처리(담금질), 2) 니켈, 크롬, 몰리브덴 등과의 합금, 3) 철의 결정 방향을 바꿔 잘 안 찢어지게 만드는 비정질화 방법 등을 사용한다. 이 경우 제조원가는 20% 상승에 그치나 여전히 인장강도가 탄소섬유의 4분의 1에 불과해 저장고에 수소를 소량만 담을 수 있고, 넓은 부지를 차지하는 한계가 있다. 결국 아직은 탄소섬유를 대체할 수 없다.

그렇다면 탄소섬유 가격 하락 여부에 관심이 생기는데, 가격 하락은 어렵다. 왜냐하면 탄소섬유는 탄소의 구조를 바꿔 만들어지는데, 그 과정 중 많은 에너지 소모를 피할 수 없기 때문이다.

결국 전체 제조원가의 40%를 차지하는 내피 제조 비용을 절감해야 한다. 내피는 고분자^{polymer} 화합물로, 저분자^{monomer}(단량체)가 길게 사슬처럼 연결되어 큰 덩어리를 만든 것이다. 틈이 수소보다 작거나 사슬 기반의 복잡한 미로처럼 되어 있어 수소가 빠져나가기 어렵다. 그곳에 나노 입자까지 섞어 미로를 더 복잡하게 만드는 시도가 계속되고 있다. 수소가 덜 새면 내피를 더 얇게 만들 수 있으니 비용이 절감된다.

내피가 온도 변화에 따라 팽창, 수축을 반복하면 탄소섬유에서 떨어지는 수가 있다. 이런 일을 막고자 덜 팽창하는 소재를 사용하거나 에폭시 같은 접착제를 첨가한다. 최근에는 내피를 없애고 탄소섬유에 수지를 섞어 수소가 샐 수 있는 틈을 차단하는 방법도 연구 중이나 아직 뚜렷한 성과는 없다.

세계적으로 탄소섬유, 내피(고분자 화합물), 접착제를 모두 잘하는 곳은 도레이가 유일하다. 1926년에 섬유 회사로 출범하여 저분자들을 수없이 조합해 고분자 화합물을 만들어본 경험이 핵심 경쟁력이다.

기업 소개 수소 경제 관련 기업들

기업명	특징	시가총액 (단위: 조)	PER (배)
플러그파워 (NASDAQ: PLUG)	- 수소 밸류체인 전체를 담당(수소 관련 대표 주식) (전해조, 수소 액화-저장-운송, 연료전지, 발전소 설계)	5	-
블룸에너지 (NYSE: BE)	- 산업용 연료전지 전문 업체 - 격오지 독립 발전 증가 수혜(마이크로 원자로 & 청록 수소 조합)	36.9	-
레조낙 홀딩스 (TYO: 4004)	- 탄소를 나노 상태에서 가공하는 능력 탁월 - 반도체, 배터리 소재 핵심 경쟁력(일본 대표기업 중 하나)	15	22.4
도레이 (TYO: 3402)	- 탄소섬유를 비롯한 고분자 화합물에서 세계 최고 경쟁력 - 수소 저장고 설치가 본격화되면 큰 수혜	15	22.7

주) 시가총액, PER은 2025.10.25 기준

인공지능 반도체 소재의 혁신적 변화

고전압에 잘 버틸 수 있는 전력용 반도체 소재

인공지능은 학습 과정에서 많은 전기를 소모한다. 추론 서비스를 할 때도 마찬가지다. 한편, 발전소에서 만들어진 전력은 초고압으로 송전한다. 그러지 않으면 도중에 새기 때문이다. 때문에 전기를 사용하는 단말기에 가까워질수록 변전기를 통해 전압을 낮추는데, 그래도 반도체가 사용하기에는 여전히 높다. 반도체는 전기를 흘려보내거나 잡을 수 있어야 한다. 그런데 전압이 너무 높으면 일방적으로 전류가 흐르고, 잡을 수 없다. 도체가 되는 것이다. 이를 전문용어로 '브레이크다운breakdown'된다고 한다.

따라서 GPU와 같은 기능성 반도체로 유입되는 전압을 낮추고자 그 입력단에 전력을 제어할 수 있는 전력용 반도체를 둔다. 전력은 전압과 전류의 곱이다. 단말기는 일정한 전력이 필요한데 전압을 낮추려면 전류를 높여야 한다. 그런데 전류는 '시간당 전하의 흐름'이므로 전류를 높이면 저항이 증가해 열이 발생한다. 사람도 열이 나면 실성하는 것처럼 반도체도 발열로 인해 계산 오류를 일으키거나 내구성에 문제가 생길 수 있다. 그렇다면 고전압을 잘 견딜 수 있는 전력용 반도체 소재는 없을까? 그런 소재가 있다면 굳이 전류를 높일 필요가 없어 발열 문제를 해결할 수 있다. 여기서 '밴드갭band gap'이라는 용어를 이해할 필요가 있다. 밴드갭은 전기가 통하지 않은 상태에서 전기가 통할 수 있는 상태가 되기 위해 필요한 최소한의 에너지다. 즉 밴드갭이 크다는 것은 고전압에도 전류가 흐르지 않도록 버틸 수 있음을 의미한다. 또한 다른 곳으로 전류가 새는 것을 막아 쓸데없는 발열을 없앤다.

밴드갭이 큰 반도체 소재를 찾는 이유

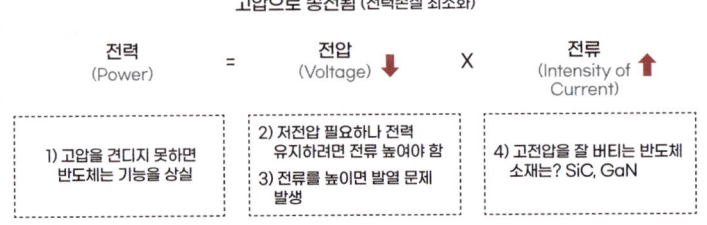

지금은 밴드갭이 큰 반도체 소재로 실리콘 카바이드를 쓰고 있다. 실리콘과 탄소의 공유결합체다. 일반적인 반도체 소재로 사용하는 실리콘도 공유결합체라서 결합력이 강하지만, 실리콘과 탄소는 더 가까이 결합해 고전압에도 잘 버틸 수 있다. 실리콘 카바이드의 밴드갭은 실리콘보다 3배 넓다. 가격은 5~10배 이상 비싸지만 대체 불가능한 부분이 있다.

공유결합 vs 이온결합

공유결합은 한 원자가 데리고 있는 전자를 다른 원자에게 주고, 그쪽 원자를 하나 가져와 결합하므로 결합력이 강하다(마치 가족 간 자식 하나씩을 바꿔 결합하는 모습 같다). 반면 이온결합에서는 한 원자가 보유하던 모든 전자를 다른 원자에게 준다. 전자는 음(-)전하를 띠므로 전자를 받은 쪽은 음이온, 준 쪽은 양이온이 되며 음-양이 서로 당기는 힘에 의해 결합하게 된다. 따라서 결합력은 상대적으로 약하다.

실리콘 카바이드 기반의 전력용 반도체를 생산하는 대표기업은 미국의 온 반도체^{ON SEMICONDUCTOR}다. 이 기업은 1999년에 모토로라^{MOTOROLA}의 반도체 사업부에서 분사했다. 전력용 반도체 외에도 자율주행차 및 산업용 보안 카메라에 들어가는 고해상도 이미지 센서를 생산한다. 근래에는 전기차 관련 매출 비중이 높은데 최근 몇 년간 전력 부족으로 인해 보조금이 급감하는 등의 이유로 전기차 판매가 저조한 바, 온 반도체의 실적도 부진한 편이다. 그러나 소형 원자로가 보급되는 등 전력공급 인프라가 확충되어 자율주행 전기차 및 휴머노이드(이동형 로봇) 수요가 증가하기 시작하면 실적이 빠르게 호전될 것이다. 그 외에 ST 마이크로 일렉트로닉스STMICROELECTRONICS도 유럽을 대표하는 전력용 반도체 업체다.

반도체에 정확한 전기 배분도 중요

전력용 반도체가 적절한 전압의 전기를 공급하면 이 전력은 각 기능성 반도체에 필요한 만큼만 배분되어야 한다. 기능성 반도체는 수많은 트랜지스터가 모여 동작하는데 전압이 약간만 출렁여도 연산 오류가 발생할 수 있다. 또한 어떤 반도체에 전력이 1만큼 필요한데 1.5를 공급하면 0.5가 낭비될 뿐 아니라 쓸데없는 열이 발생한다. 따라서 정확히 전력을 배분하고 전기 과부족을 다른 반도체로 신속하게 넘기는 고속 스위칭이 필요한데, 이를 제어하는 기능이 반도체 설계 자동화EDA(Electronic Design Automation)에 포함된다. 특히 여러 기능의 반도체가 한데 모여 있는 SoC 설계에서 EDA가 필수적이다. 이 부분의 대표적인 기업은 시놉시스다. 약간 분야는 다르지만 케이던스도 대표적인 반도체 설계 자동화 업체다.

차세대 전력용 반도체 질화갈륨

인공지능 추론 서비스를 시행하는 이동형 단말기는 진화할수록 더 많은 전력을 소모할 것이고, 그에 따라 더 높은 전압을 버틸 수 있는 전력용 반도체가 요구될 것이다. 이에 주목받는 소재가 질화갈륨[GaN]이다.

질화갈륨의 밴드갭은 실리콘 카바이드와 비슷하지만 전자의 이동이 실리콘 카바이드보다 2배 이상 빨라 고속 스위칭이 가능하고 고주파 신호에 대응이 가능하여 짧은 시간에 많은 데이터를 전송할 수 있다. 저전력으로 빠르게 데이터를 처리하는 것이 인공지능에 가장 필요한 부분이므로 매력적인 포인트다. 또 질화칼륨은 실리콘 카바이드보다 훨씬 밀도가 높아 고전압으로도 쪼개기[breakdown] 어렵다. 그만큼 낮은 전류를 쓸 수 있으므로 열이 덜 발생한다. 즉 작고 얇은 크기로도 고전압을 잘 버티고, 발열도 덜하고, 고속 스위칭이 가능하다. 그 결과 반도체 소형화도 가능하다.

질화갈륨은 스마트폰, 노트북의 초고속 충전기를 소형화시키는 데 먼저 적용되었다. 지금은 전기차의 충전기 및 전력제어 모듈 등으로 확장 중이며, 고속 스위칭 능력 덕분에 라디오[RF] 및 마이크로 주파수를 사용하는 위성통신, 그리고 자율주행 센서에도 적용되고 있다. 질화갈륨 전력 반도체의 대표 생산업체는 나비타스 반도체[NAVITAS]

SEMICONDUCTOR다. 2014년에 캘리포니아에서 설립되었으며, 창립 초기부터 실리콘 소재가 아닌 차세대 전력용 반도체에 집중했다. 최근에는 엔비디아가 데이터센터 전력 인프라에 나비타스 반도체 기술을 적용하기로 협약했다.

질화갈륨의 문제점은 열전도성이 약해 방열에 어려움이 있다는 것이다. 이 문제는 질화갈륨을 방열이 탁월한 합성 다이아몬드로 감싸 해결한다. 다이아몬드는 고체 가운데 가장 열전도성이 뛰어난데, 탄소끼리 가까운 곳에 있어 강하고, 규칙적으로 결합되어 있고, 중간에 불순물도 없기 때문이다. 그래서 격자진동을 통해 열이 쉽게 빠진다(다이아몬드의 밴드갭은 질화갈륨보다 훨씬 넓다. 그렇다면 왜 다이아몬드 자체를 질화갈륨의 포장재가 아니라 반도체 소재로 사용하지 않는 걸까? 그 이유는 밴드갭이 너무 넓어 전기가 통하지 않기 때문이다. 즉 반도체가 아니라 부도체인 것이다).

질화갈륨은 아직 상용화가 쉽지 않은데, 그 이유는 크게 만들기 어렵기 때문이다. 8인치 이상의 면적으로 제조해야 생산수율이 개선되는데 아직 공정이 성숙하지 못했다. 부침개를 구울 때 크게 만들어야 작업 속도가 빨라지는데 그러다 보면 쉽게 찢어지는 것과 비슷하다. 값싼 소재라면 망쳐버려도 되겠지만 갈륨은 희귀금속이므로 비용 부담이 크다. 그래서 지금은 큰 면적으로 만들 수 있는 실리콘 카바이드 위에 질화갈륨을 얹어 서로의 강점을 공유하는 구조로 개발된다.

일본의 스미토모 전기는 이렇게 반도체 소재들의 장단점을 파악하고 적절히 조합하여 빠른 신호 전달, 발열 최소화, 방열 극대화 등 원하는 반도체 성능을 끌어내는 솔루션을 개발하는 업체다. 1897년에 설립된 이 회사는 도체, 절연체, 자성체 등 반도체 관련 소재들의 기초연구가 튼튼하며, 반도체 소재의 적층 및 가공 기술을 겸비하여 최적의 반도체 소재 구조를 개발할 수 있는 역량을 갖췄다.

기업 소개 전력용 반도체 소재 및 개발 솔루션

기업명	특징	시가총액 (단위: 조)	PER (배)	비고
온 반도체 (NASDAQ: ON)	높은 전압에도 버틸 수 있는 실리콘 카바이드 반도체 생산(발열 축소)	29.6	47.3	동종 업체로는 ST 마이크로 일렉트로닉스. 최근 전기차 반도체 수요 감소로 실적 저조
시놉시스 (NASDAQ: SNPS)	전력 낭비 없는 신속 정확한 전기 배급을 위한 고속 스위칭 솔루션, 반도체 설계 자동화	123.3	36.4	사업 내용이 지적재산권과 직결되는 바, 미-중 갈등으로 인해 중국 사업 직접 타격
나비타스 반도체 (NASDAQ: NVTS)	실리콘 카바이드보다 더 우월한 질화갈륨 소재의 반도체 개발	4.3	-	엔비디아와 인공지능 데이터센터용 차세대 전력용 반도체 납품 협력
스미토모 전기 (TYO: 5802)	차세대 반도체 패키징 (고속, 저발열, 다양한 반도체 소재의 조합)	34.4	18.2	반도체 패키지 기능의 안정성은 레조낙 홀딩스가 담당

주) 시가총액, PER은 2025. 10. 25 기준

전고체 배터리 상용화,
투자할 가치가 있는가

배터리(이차전지)의 구조

리튬이온전지라고 불리는 이차전지는 양극재, 음극재, 액체 전해질, 분리막 등으로 구성되어 있다. 양극재로는 리튬이 쓰인다. 리튬은 약간의 전압만 주어도 자신이 갖고 있는 전자를 쉽게 버린다. 즉 쉽게 전자의 이동을 유도할 수 있는 특성 때문에 사용된다. 전자를 버린 리튬은 이온이 되어 배터리 내 전해질을 통해 음극으로 이동하며, 버려진 전자는 배터리 외부 회로를 따라 음극으로 간다.

니켈, 코발트, 망간도 양극재에 쓰인다. 리튬과 니켈, 코발트, 망간이 번갈아 쌓인다. 니켈은 리튬이온을 더 저장하여 에너지 밀도를 높이는 데 사용되고(더 큰 힘을 발휘할 수 있고), 망간은 리튬으로 인해 발생하는 불안정성을 가라앉히는 역할을 한다. 코발트는 전기의 전도성을 높여 리튬의 이온화를 돕거나, 리튬이 빠져나간 양극을 지탱하여 배터리의 안정성을 높여준다.

리튬이 버린 전자가 외부 회로를 따라 음극으로 이동하는 과정은 수월하다. 하지만 리튬이온이 배터리 내부 전해질에서 이동하는 과정은 불연속적인 공간을 농도 차이에 의해 점프하는 것이므로 쉽지 않다. 따라서 이온의 농도 차이를 더 벌려주는 첨가제를 주입하여 이동을 돕기도 한다. 리튬이온의 이동에 작용하는 또 다른 힘은 전압에 의해 생성된 전기장으로 리튬이온을 밀어주는 역할을 한다. 그런데 전기장이 불규칙해 리튬이온이 음극에 골고루 퍼지지 않고 쏠리거나 부분적으로 몰려 쌓이게 되면 '나뭇가지'처럼 자라 분리막을 뚫어 배터리가 폭발하는 지경에 이르는데 이를 '덴드라이트^{dendrite}' 현상이라고 한다. 지금까지 리튬이온이 양극에서 음극으로 넘어오는 과정을 설명했는데 이것이 바로 충전^{charging}이다.

음극에 모인 리튬이온을 양극으로 던지는 것을 방전^{discharging}이라고 하며, 배터리의 출력은 이 과정에서 발생한다. 음극은 투수와 같다. 음극이 리튬이온(공)을 양극으로 빠르게 던질수록 배터리 출력이 커진다. 리튬이온은 질량이 작고, 움직임이 적어 저항을 적게 받아 빠르게 움직인다. 이것이 리튬을 배터리 소재로 쓰는 또 다른 이유다.

이차전지의 구조

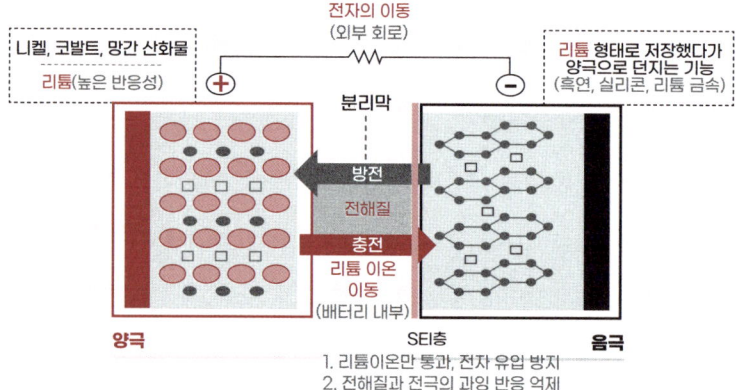

출처 : 포스코 퓨처엠

리튬 금속을 음극재로

음극재는 리튬이온을 많이 담을 수 있는 소재여야 한다. 지금은 음극재로 흑연을 사용한다. 숯을 연상해보자. 숯에는 구멍이 많다. 즉 많은 리튬이온을 저장할 수 있는 것이다. 그런데 실리콘은 흑연보다 리튬이온 저장 능력이 훨씬 뛰어나다. 흑연 원자 6개가 리튬이온 1개를 저장할 수 있는데, 실리콘 원자 1개는 리튬이온 4개를 저장할 수 있다고 한다. 이론적으로는 실리콘이 흑연보다 24배 더 높은 리튬이온 저장 능력이 있는 셈이다. 그러나 실리콘은 수축과 팽창이 심해 배터리가 깨질 수 있어 현재는 흑연에 실리콘을 5% 정도 섞어 전지 용량을 10% 개선하는 정도에 머물고 있다(음극 용량을 키워도 배터리의 나머지 부분이 소화하지 못해 전체 용량이 제한되는 면도 있다).

아예 실리콘으로만 음극재를 만들려는 움직임도 있다. 그러나 수축, 팽창으로 인한 문제도 있고, 그로 인해 전해질과 음극 사이에 생기는 얇은 막^{SEI}(Solid Electrolyte Interphase)이 훼손되는 문제도 있다. 이 계면은 리튬이온이 안정적으로 음극으로 들어가게 하는 문의 역할을 하며, 전해질과 음극 사이의 완충작용도 한다. 만일 이 계면이 훼손되거나 불안정해지면 전해질이 음극과 반응하여 소실되므로 전지의 용량이 감소할 수 있으며, 부분적으로 과잉 반응이 생겨 저항이 증가하고, 발열로 인해 배터리 수명이 줄어들 수 있다. 이런 부작용을 막기 위해 단일벽 탄소 나노튜브^{single wall CNT} 및 그래핀 등 나노 소재로 실리콘 포장을 시도하지만 나노 소재에 대한 이해도 아직 충분하지 않고, 가격도 비싸다. 탄소 나노튜브 제조는 러시아계 회사인 옥시알^{OCSIAL}이 독점하고 있다.

최근에는 차세대 음극재로 리튬 금속을 쓰자는 추세가 강하다. 즉 음극에 도착한 리튬이온과 외부 회로를 따라 음극으로 유입된(양극의 리튬이 버린) 전자를 만나게 하여 리튬을 만들면 성분이 같은 리튬 금속 음극판 위에 쉽게 붙을 수 있다는 것이다. 그렇다면 흑연이나 실리콘 같은 포장용기가 필요 없고, 리튬 덩어리 자체가 음극이 된다. 즉 부피 대비 에너지 밀도가 엄청나게 커져, 고출력이 가능하다. 리튬이온이 흑연이나 실리콘 안으로 드나드는 것이 아니라 리튬 금속 음극에 잠시 앉았다 떠나는 것이므로 고속 충·방전도 가능하다.

자율주행차를 비롯한 인공지능 추론 서비스를 하는 이동형 로봇에는 고출력, 고속 충·방전이 필요하고 작고 가벼운 배터리가 필수이므로 리튬 금속 음극 수요가 증폭되는 모습이다.

전고체 배터리의 문제와 해결 방안

리튬 금속을 음극으로 쓰려면 전해질을 액체에서 고체로 바꿔야 한다. 즉 전고체 전지로 넘어가야 한다. 리튬은 쉽게 전자를 버릴 만큼 반응성이 매우 강한데, 액체 전해질도 반응성이 강해 이 두 성격이 만나면 매우 불안정해져 화학적 부산물도 많아지고, 덴드라이트 현상도 심해지기 때문이다. 반면 고체 전해질은 반응성이 낮고, 덴드라이트가 생겨도 고체 전해질을 뚫지는 못해 안전성을 확보할 수 있다. 그리고 액체가 아니므로 출렁거리지 않아 외부 충격에도 잘 견딜 수 있다.

하지만 전고체 전지는 아직 풀리지 않는 문제점들을 안고 있다. 첫째, 음극이 리튬 금속이므로 고체인데 전해질마저 고체라면 접촉이 매끄럽지 못할 것이다. 즉 그 사이에 공간이 생긴다. 우리가 병원에서 초음파 검사를 받을 때 피부에 젤을 바르는 이유는 검사 기기와 피부 사이의 공간을 액체로 메우기 위함이다. 공간이 생기면 음극과 전해질 사이에서 리튬이온의 이동이 원활치 못할 것이고, 그럼 배터리 출력 저하, 충·방전 속도 감소라는 결과로 이어진다. 또한 접촉 부분으로만 리튬이온이 쏠리게 되므로 과잉 반응이 생겨 배터리가 손상될 수 있다. 또 틈 사이로 공기나 수분이 유입되면 (반응성이 강한) 음극의 리튬과 반응하여 불순물이 생기고, 비활성막이 형성된다. 즉 못 쓰게 되는 부분이 늘어나고, 배터리 용량이 줄어든다.

해결 방안은 계면에 박막 코팅을 하는 것이다. 쉽게 말해 틈이 생기지 않게 접착제를 바르는 것이다. 여기에 리튬의 반응성을 화학적으로 억제하는 성분도 섞는다. 또한 계면은 리튬이온이 전해질과 음극을 드나드는 통로이므로 리튬이온이 규칙적으로 출입할 수 있도록 패턴을 만들어줘 쏠림(덴드라이트 현상)을 방지하기도 한다. 그럼에도 배터리는 팽창과 수축을 반복해 틈이 생기게 되는데, 압력 stack pressure 을 주어 밀착시켜 틈이 생기지 않게 한다. 또 고체 전해질이라도 유연한 황화물을 사용하면 음극에 떡처럼 달라붙어 틈이 줄기도 한다. 황은 분자가 커서 유연성이 있다.

전고체 전지의 두 번째 문제는 전해질이 고체면 액체일 때보다 리튬이온의 전도성이 저하된다는 것이다. 해결 방안은 황화물처럼 리튬이온이 통과할 수 있는, 통로가 넓은 소재를 선택하는 것이다. 황은 분자구조가 커서 리튬이온이 통과할 수 있는 넓은 통로를 제공한다. 고체 전해질에 첨가물을 섞는 방법도 있다. 리튬이온은 주위 전해질과의 농도 차이에 의해 이동하는데 첨가물을 섞어 농도 차이를 확대하여 이동을 촉진하는 것이다. 이를 도핑$^{ion\ doping}$이라고 한다. 또한 전해질을 결정질^{crystalline} 대신 비정질^{amorphous}로 가공하는 방법도 있다. 결정질로 가공하면 원자 배열이 규칙적이므로 리튬이온이 다닐 수 있는 길이 제한되는 반면, 비정질로 가공하면 원자가 무작위로 배열되어 리튬이온의 통로가 다양해진다.

세 번째 문제는 대량생산의 어려움이다. 액체 전해질은 쏴서 주입하면 끝이다. 반면 전고체는 반도체처럼 여러 막을 나노 두께로 쌓아야 한다. 만일 한 개가 깨지면 다른 것이 그 기능을 대신해야 하기 때문이다. 이 과정에서 전고체가 균일하지 않으면 쏠리거나 병목이 생겨 저항이 증가하고, 배터리에 손상을 준다. 이는 쉽지 않은 작업이다. 한편 수율(생산성)을 높이려면 부침개를 크게 구워야 하는 것처럼 대면적 양산이 가능해야 하는데 찢어지면 손실이 크다. 이런 문제점들에 대한 해결 방안은 전고체 전문 업체들마다 다른데 그들이 어떻게 해결하는지 알아보자.

전고체 배터리 개발의 대표적인 업체들
— 퀀텀스케이프, 토요타 자동차, 솔리드파워, TDK

퀀텀스케이프(QUANTUMSCAPE, NYSE: QS, 시가총액 14조 원)

배터리의 고체 전해질로는 주로 음이온이 산소인 산화물이나 음이온이 황인 황화물이 쓰인다. 미국의 퀀텀스케이프는 산화물 계열 전고체를 사용하며, 구체적으로 말하면 세라믹이다. 세라믹의 예로 흙으로 빚은 뚝배기를 들 수 있는데, 세라믹은 구멍이 많다. 뚝배기를 세제로 설거지하지 말라는 말이 있다. 세제가 구멍으로 스며들었다가 나중에 조리할 때 음식과 섞인다는 것이다. 그만큼 리튬이온이 이동할 수 있는 구멍이 많다.

세라믹은 첨가제를 섞어 결정질에서 비정질로 가공된다. 비정질은 이온이 통과할 수 있는 경로를 다양화하여 리튬이온의 전도성을 더욱 높여준다. 그 밖에 비정질이 갖는 장점으로는 유연해서 쉽게 깨지지 않는다는 것이다. 또한 결정질은 도자기를 굽듯 고온에서 가공해야 하나 비정질은 저온에서도 쉽게 성형이 가능하다.

퀀텀스케이프의 대표적인 혁신은 음극 물질을 없앤 것이다. 흑연이나 실리콘 대신에 얇은 구리판을 설치하는데, 음극으로 넘어온 리튬이온이 외부 회로를 통해 음극으로 유입된 전자와 결합해 리튬이 되고, 그 상태로 구리판에 증착되면 리튬 금속 덩어리가 되어 음극 역할을 한다. 음극에 리튬 금속조차 별도로 설치할 필요가 없다. 그 후 방전되면 리튬이온이 빠져나가 구리판만 남는다. 그 결과 음극의 부피당 에너지 밀도가 크게 향상되어 고출력이 가능하고, 작고 가볍다.

움직이는 로봇에 적합한 형태다.

또한 흑연이나 실리콘처럼 저장용기가 있어 리튬이온이 그 안으로 들락날락하는 것이 아니라 구리판 위에 잠깐 머물렀다 떠나는 구조이므로 충·방전 시간이 크게 절감된다. 특히, 반응성이 강한 리튬 금속이 음극에 상주하면 다른 물질과 반응하여 여러 부작용이 생기지만, 퀀텀스케이프의 무음극 구조는 리튬이 음극에 잠깐 만들어졌다 사라지는 형태이므로 리튬이 부작용을 만들 시간을 주지 않는 장점이 있다. 음극을 따로 만들지 않아도 되므로 생산공정도 단순해진다.

또 다른 놀라운 혁신은 고체 전해질 세라믹이 단일층이라는 점이다. 앞서 언급했듯 고체 전해질 세라믹을 여러 층으로 쌓는 것이 일반적인데, 첨가제를 투입하여 더 유연하고 강한 비정질을 만들면 깨질 염려가 없으니 단일층으로도 충분하다는 논리다. 어떤 첨가물인지는 사업 기밀이므로 알 수 없지만 최근 추세는 나노 입자 산화물을 섞거나 불소 처리를 하는 것이다.

단일층 세라믹이 가능하다면 생산수율이 극적으로 개선될 것이다. 불량은 여러 층을 쌓다가 층간 불일치가 생겨 발생하는데, 그럴 일이 없기 때문이다. 또한 유연하고 강하면 크게 만들어도 찢어질 염려가 없으니 부침개를 크게 굽는 것처럼 대면적 생산으로 생산성이 더욱 개선된다. 고체 전해질이 한 겹이면 리튬이온도 한 겹만 통과하면 되므로 이온 전도성도 향상된다.

퀀텀스케이프는 2010년에 스탠퍼드대학교에서 분사해 2020년 11월, 기업인수 목적 회사를 통해 우회 상장했다. 독일 폭스바겐 자동차 VOLKSWAGEN AG 가 초기 투자자로 참여하여 상장 직후 지분을 26%까지 차지했으나 지금은 희석되어 17%까지 낮아졌다. 그래도 여전히 주요 주주로 전략적 협업을 이어가고 있고, 카타르 국부펀드, 빌 게이츠 등이 투자했다. 직원 수는 800명 정도다.

퀀텀스케이프의 기술은 혁신적이지만 난관이 있다. 예를 들어 리튬이온이 지속적으로 음극에 증착됐다가 빠지기를 반복하다 보면 도중에 빠져나오지 못하고 구리판에 남아 있는 리튬 dead lithium 이 발생할 수 있다. 그러면 배터리 성능이 떨어지고, 구리판 표면도 울퉁불퉁해져 덴드라이트 현상으로 이어지게 된다. 특히 자동차처럼 충·방전이 많고 고출력인 솔루션에서는 부작용이 더 커질 수 있다. 토요타도 세라믹 적층에 관심을 갖고 있지만 일단은 현실적인 황화물 전해질에 집중하고 있다. 반면 퀀텀스케이프는 정면 돌파하겠다는 입장이다.

토요타 자동차 (TOYOTA, TYO: 7203, 시가총액 470조 원)

전고체로 산화물인 세라믹 대신 황화물계 전해질을 사용한다. 황은 부피가 커서 리튬이온이 통과할 수 있을 정도의 넓은 통로를 제공해 고출력을 요구하는 자동차에 적용하기 쉽다. 음극재로는 리튬 금속을 흑연에 버무려 쓴다. 사실 리튬은 연하고 끈적거려 취급이 어려운데 흑연을 섞으면 가공이 쉬워지는 장점이 있고, 리튬을 흑연으로 싸면 리튬 과반응을 억제할 수도 있다. 즉 토요타는 전고체 전지의 조기 상용화에 우선순위를 두고 있다.

토요타는 파나소닉^{PANASONIC HOLDINGS}과의 제휴를 통해 전고체 배터리를 개발하고 있다. 기업명은 PPES(Prime Planet Energy & Solutions)이며, 지분율은 토요타 51%, 파나소닉 49%다. 그들의 혁신은 첫째, 전해질과 음극 사이의 계면을 이중층으로 설계했다는 점이다. 먼저 전해질 친화층은 황화물 전해질이 음극의 리튬과 만나지 못하도록 하는 화학적 구조로 설계되어, 리튬의 강한 반응성으로 인해 생기는 부작용을 막는 기능을 한다. 한편 전극 친화층은 황화물 전해질이 음극과 균열 없이 잘 달라붙을 수 있도록 접착제 역할을 한다.

둘째, 충·방전 과정에서 리튬 금속 음극이 팽창·수축하다 보면 황화물 전해질이 손상될 수 있는데, 이를 방지할 수 있는 압력-보정형 셀 하우징 특허를 갖고 있다. 팽창 시에는 전해질이 밀려나 깨질 수 있는데 이때는 셀 자체가 커져서 마찰을 줄여주고, 수축 시에는 틈이 생기는데 셀이 압력을 가해 틈이 안 생기도록 밀어주는 기능이다.

토요타는 이데미츠 화학^{IDEMITSU KOSAN}과 황화물을 공동 개발한다. 황화물을 배터리 전해질로 쓸 수 있다는 논문은 2011년 도쿄공업대학의 칸노 료지^{菅野 了司} 교수가 《네이처 머티리얼즈^{Nature Materials}》에 최초로 게재했다. 토요타는 칸노 교수에게 연구 자금을 지원했다. 하지만 그 지적재산권은 도쿄공업대학이 갖고 있고, 특허를 내지도 않았다. 대신 토요타와 이데미츠 화학은 황화물을 순도 높게 추출하는 방법, 황화물을 뭉침 없이 고르게 펴는 방법, 황화물을 리튬 음극과 격리하는 화학적 구조 개발, 황화물이 수분을 만났을 때 발생하는 독성 황화가스를 제어하는 방법 등 황화물 관련 응용 특허를 갖고 있다. 황화물 관련 특허 중 50% 이상이 토요타의 소유다.

물론 토요타도 여전히 해결해야 할 과제를 갖고 있다. 먼저 황화물은 저온에서 성능이 떨어지는데 이를 보완해야 한다. 또한 황화물은 여러 층으로 쌓아야 고출력을 얻을 수 있는데 쌓을수록 하중이 불균형해져 불량이 발생한다. 즉 쌓는 데 한계가 있는데, 그래서인지 우선 저출력의 하이브리드 자동차에 먼저 적용하려는 모습을 보이기도 했다.

전고체 배터리를 준비해온 일본

2019년 이차전지 개발 공로로 노벨화학상을 받은 3명의 과학자 중에는 '요시노 아키라吉野 彰'라는 일본인이 있다. 지금 한국이 주로 생산하는 NCM 배터리 및 중국의 LFP 배터리 같은 액체 전해질의 이차전지를 가장 먼저 시험해본 것도 소니SONY, 산요SANYO, 파나소닉 같은 일본 기업들이다. 그러나 그들은 이를 상용화하지 않았다. 너무 위험하다는 이유였다. 일본 기업들은 처음부터 전고체를 준비해왔으므로 이 분야에서 가장 먼저 성공할 수 있을 것으로 평가되어왔다.

솔리드파워(SOLID POWER, NASDAQ: SLDP, 시가총액 2조 원)

솔리드파워는 란타늄 계열의 산화물 전고체를 개발했으나 리튬이 온 통로가 좁아 고출력을 낼 수 없었다. 결국 상업성이 제한되자 황화물 전고체로 전환했다. 배터리 구조는 '양극재-황화물 전고체-리튬 금속의 음극'을 주머니에 담아 층층이 대충 쌓는 형태다. 따라서 큰 힘을 낼 수 있고, 공정이 단순하여 대량생산에 유리하다. 특히 한국은 전통적으로 배터리를 가전부터 전기차에 이르기까지 파우치 형태로 제조하므로 우리에게 익숙하고, 이런 생산방식은 현재 사용되는 액체 전해질 생산공정 일부와 혼용 가능하여 기존 설비를 갖고 있는 한국, 중국에 유리하다. 구조가 단순하고, 기존 생산설비를 이용할 수 있는 만큼 상용화 시기도 상대적으로 빠르게 계획되어 있다.

단, 내구성이 어떨지는 의문이다. 구조가 단순한 것은 좋은데 리튬 음극의 과잉 반응으로 생기는 문제들이 드러나 배터리 성능이 빠르게 악화될 수 있다는 불안감이 있다. 솔리드파워는 이런 품질에 대한 신뢰를 쌓기보다는 일찍 상용화하여 우선 전고체 시장을 선점하려는 계획을 가진 것으로 보인다.

솔리드파워는 콜로라도대학교 출신 교수 3명이 2011년에 창업했다. 이 중에는 서울대학교에서 박사학위를 받고 콜로라도대학교로 건너간 이세희 교수도 있다. 그들은 당시 남들이 관심을 덜 갖던 전고체 분야에서 미국 국방고등연구계획국^{DARPA}의 과제를 받아 먼저 사업을 시작했던 모양이다. 그러나 전고체 문제 해결에 뚜렷한 대안을 발견한 것 같지는 않다(물론 공개하지 않은 기술을 보유하고 있을 수도 있다).

솔리드파워는 직원이 260명 정도이고, 주식 시가총액은 1조~2조 원 정도인 작은 기업이다. 매출이 300억 원 정도 있지만 대부분 한국의 SK 온$^{SK\ ON}$에게 기술을 이전하여 발생한 것이므로 지속되리라고 보기는 어렵다. 포드^{FORD}, BMW가 투자했지만 미미한 정도인 것으로 보인다. 포드는 자체 연구소를 통해 전고체 전지를 개발하고 있으며, 오히려 중국의 CATL과 협력한다. BMW도 지분이 적어 언제든지 발을 뺄 수 있는 상태다. 단, 기존의 액체 전해질 생산공정을 활용할 수 있으므로 조기 상용화가 가능하다면 시장 선점에 대한 기대가 형성될 수 있고, 소형주이므로 모멘텀으로 인한 주가 상승 폭이 클 수 있다는 점에서 단기 트레이딩 위주의 투자자들에게 관심이 높다.

TDK(TDK CORPRATION, TYO: 6762 시가총액 47조 원)

지금 이차전지 수요의 75%는 전기차에서 비롯된다. 그러나 인공지능 추론 서비스가 본격화되면 이동형 소형 로봇 및 모바일 기기가 다양해지며 소형 전지의 수요가 급증할 것이다. 일본의 TDK는 이런 흐름에서 가장 큰 수혜를 입을 회사다. 현재 스마트폰을 비롯한 소형 전지 시장에서 글로벌 점유율 50%에 이르고 있고, 이미 소형 전고체 전지를 상용화했기 때문이다.

TDK 본사는 배터리 연구개발에 주력하고, 생산은 홍콩, 말레이시아 근방에 거점을 둔 100% 자회사 ATL이 맡는다. 현재 배터리 업계의 선두인 중국의 CATL도 TDK의 전기차 배터리 부문 중국 자회사였다. 2015년에 TDK는 보유하고 있던 CATL 지분 15% 전량을 CATL 경영진 및 투자자 컨소시엄에 매각했다. 그럼에도 CATL은 여전히 R&D를 TDK에 의존하는 면이 있어 사업을 이어가고 있다.

TDK의 소형 전고체 전지 구조는 퀀텀스케이프와 비슷하다. 즉 전해질로 세라믹을 이용하는데, 퀀텀스케이프처럼 단일층과 같은 무리수를 두지는 않고 적층을 한다. TDK는 세계 선두권 적층 세라믹 콘덴서 MLCC(Multi-Layer Ceramic Capacitor) 제조업체이므로 세라믹을 쌓는 데 뛰어난 역량을 갖고 있기 때문이다.

TDK의 또 다른 역량은 도핑 기술이다. 앞서 소개했듯이 이는 세라믹 전해질에 첨가제를 넣어 비정질을 만들어 유연성을 확보해 깨지지 않게 하고, 저온에서도 쉽게 가공되도록 하며, 이온 농도 차이를 확대하여 리튬이온의 전도성을 향상시키는 기술이다. 또한 TDK는 계면에도 첨가물 처리를 하여 리튬이온이 규칙적이면서도 쉽게 통과할 수 있도록 패턴 설계를 해 리튬이온을 음극에 일정하게 분포시킨다. 음극은 리튬 합금 박막인데 그 위에 리튬 알갱이를 고르게 분포시켜 리튬이온을 고르게 유도한다.

TDK는 지금은 전고체 전지를 초소형 웨어러블 기기에 제한하여 적용하고 있지만 기술이 안정되어 스마트폰이나 소형 로봇으로 확대 되다면 소형 전고체 전지의 선두주자로서 점유율을 키우고, 급성장 할 소형 로봇(휴머노이드) 시장을 장악할 것으로 판단된다.

기업 소개 전고체 전지 혁신 기업들

기업명	특징	시가총액 (단위: 조)	PER (배)
퀀텀스페이스 (NYSE: QS)	- 무음극 구조(높은 에너지 밀도, 고속 충방전, 리튬 부작용 최소화) - 단일층 전해질(높은 생산수율, 이온 전도성 향상) - 폭스바겐 17% 지분 보유. 카타르 국부펀드, 빌 게이츠도 투자	13.6	-
토요타 (TYO: 7203)	- 황화물 계열의 전해질을 적용하여 조기 상용화 추진 - 황화물 관련 글로벌 응용 특허 중 50% 이상 보유 - 이데미츠 코산 등 일본 정밀화학 업체들과 공동 개발	472.6	9.8
솔리드파워 (NASDAQ: SLDP)	- 파우치 형태로 생산 공정이 단순 - 기존 액체 전해질 설비도 혼용 가능하여 조기 상용화에 유리 - 단, 내구성에 의문	1.6	-
TDK (TYO: 6762)	- 소형 전고체 배터리 이미 상용화(초소형 웨어러블 기기에 장착) - 소형 배터리 시장 점유율 50% 이상 - 이동형 로보틱스 시장 구체화 시 소형 전고체 배터리 대표 수혜주	47.4	32.9

주) 시가총액, PER은 2025.10.25 기준

한국은 정밀화학에서 한계

한국의 삼성전기도 세계 선두권의 적층 세라믹 콘덴서 생산업체로서 세라믹을 비정질화하여 높고 고르게 쌓는 능력은 TDK에 버금간다. 그러나 이온의 농도 차를 만들어 리튬이온의 이동 속도를 높이는 역량은 부족하다. 특히 배터리는 적층 세라믹 콘덴서와 다른 영역이므로 대량생산에서의 수율도 TDK에 뒤질 수밖에 없다. 사실 삼성전기는 적층 세라믹 콘덴서를 스마트폰 등 평범한 IT 기기에 공급하지만 TDK, 무라타MURATA MANUFACTURING 같은 일본 업체들은 전기차, 우주항공, 의료기기 등 신뢰성이 필요한 고부가 제품 위주로 납품한다. 일본 업체들이 더 신뢰를 받는 이유는 정밀화학에서의 역량이 뛰어나기 때문이며, 이 점은 배터리에도 그대로 적용된다.

일본은 기업 이름이 화학 제품 브랜드가 될 만큼 정밀화학 분야에서 뛰어나다. 그렇다면 한국 기업에서 일본의 정밀화학 기업을 M&A하거나 전문 인력을 영입하는 방법도 생각해볼 만한데 움직임이 없다. 한국 기업 임원들이 자신의 자리가 불안해질까 봐 그럴까?

전고체 기술은 요원한 이야기?

일각에서는 전고체 기술에 대해 회의적이다. 고체 전해질 도핑을 위한 첨가물이 대부분 나노 소재이기 때문이다. 지난 20년간 나노 소재는 꿈의 소재로 남아 있다. 즉 개발이 정체된 상태였다.

나노 소재의 매력은 기존의 물질과는 전혀 다른 성질을 보이거나 반응성이 강하다는 것이다. 나노 소재는 주변 물질과 반응해 스스로 나노 성질을 잃어버리기도 하고^{degradation}, 다른 물질에 달라붙기도 한다. 즉 내구성이 문제다. 지금까지 상용화된 나노 소재는 탄소 나노 튜브 정도이며, 그것도 안정적인 환경에서나, 다른 물질과 섞어 그 부작용을 줄이는 형태로 쓰인다.

그러나 '수요가 기술을 창조한다'. 인공지능을 적용한 하드웨어에는 이동형 솔루션의 필요성이 급증할 것이고, 그런 로봇들은 충돌 시 내구성이 강해야 하며, 화재 가능성이 낮아야 한다. 또 높은 출력이 필요하고, 전기 사용량이 많으니 고속 충·방전이 가능해야 한다. 그렇다면 지금부터 전고체 배터리 개발에 쏟아붓는 인력과 돈의 양은 과거와 차원이 다를 것이다. 지금은 투자하고 기다려볼 만한 단계다. 양자컴퓨터도 아직 과제가 많이 남아 있지만 해결 속도가 빠르다. 경쟁에서 이기려면 그래야 하기 때문이다.

최근 들어 전기차 전고체 배터리 개발업체들이 출시 일정을 지연하는 경우가 있다. 기술개발의 벽 때문이기도 하겠지만, 전력 부족으로 인한 보조금 감소 등의 이유로 전기차 판매가 저조한데 생산원가가 높은 전고체 배터리 신제품을 장착하기는 불편할 것이다. 그들도 수익을 내야 하는 기업이다. 소형 원자로가 보급되는 등 전기가 풍부해져 전기차 보급이 확대되면 예정대로 전고체 전지를 시판할 것이다.

한국 배터리 산업은 중국의 지배에서 벗어날 수 있을까?

지금 배터리 시장은 중국과 그 밖의 나라들로 나뉜다고 해도 과언이 아니다. 중국이 반도체에서 미국을 따라잡기는 쉽지 않다. 그렇다면 배터리 분야라도 확실히 해두고 싶을 것이다.

한국 배터리 업체들은 생산기술이 뛰어나지만 중국을 압도할 수 없다면 무의미하다. 중국과 비슷하면 규모에서 밀린다. 중국의 생산단가는 비교할 수 없이 낮다. 중국이 못 하는 것을 해야 한다.

중국도 한국처럼 정밀화학 기술이 모자란다. 차세대 고체 전해질에 첨가물을 섞어 배터리의 안전성과 성능을 향상시키는 기술이 취약하다. 그래서 중국은 이런 한계를 극복하려 애쓰는 모습이다. 예를 들어 오늘날의 액체 전해질은 폭발 가능성이 우려되므로 휘발성이 덜한 물 성분 기반의 수계 전해질$^{aqueous\ electrolyte}$을 개발하는 식이다. 이 방법은 배터리 외부 회로를 타고 이동하는 전자가 배터리 내부로 유입될 수 있어 사용에 어려움이 있다. 또 주유소에 충전된 배터리를 비치해두고 갈아 끼우는 방법$^{battery\ swapping}$도 추진하고 있지만 이물질이 유입되면 큰 문제다.

전고체 분야에서의 시도도 과감하다. 고체 전해질과 음극 사이의 계면에 틈이 생기는 문제를 해결하는 세련된 기술이 없으니 그곳에 액체 전해질을 주입하는 반고체$^{semi\text{-}solid}$ 배터리를 시도해보기도 한다. 다만 이 기술은 액체 전해질이 증발해버리고 배터리 수명이 크게 단축되는 문제가 있어 중국도 아직은 상용화하지 못하고 있다.

만일 토요타와 이데미츠의 황화물이나 퀀텀스케이프의 세라믹 도핑 기술이 상용화되면 그들이 시장을 독점할까? 다시 말해서 자동차 시장을 토요타가 독점하게 될까? 그렇다면 토요타를 수입하는 나라의 정부가 그들을 곱게 보지 않을 것이다. 자동차 엔진 핵심기술이 독점으로 남은 경우는 없다. 개발업체는 기술을 이전하고 로열티를 받되, 핵심적인 부분은 남겨놓고 자신들의 차별성을 지켰다. 전고체 기술도 그렇게 될 가능성이 크다. 만일 중국 배터리 업체들 또한 그 기술들을 사용할 수 있게 된다면, 생산기술 위주의 한국 배터리 업계는 중국의 규모에 눌리게 된다. 회생이 쉽지 않을 것이다.

혹시 미국과 윈윈$^{win-win}$ 할 수 있는 전략은 없을까? 미국도 중국의 배터리 굴기가 거북하다. 미국과 일본은 차세대 전고체 배터리 소재 기술에서 중국을 압도하고 한국은 배터리 생산기술이 탁월하므로, 한·미·일 공조를 통해 중국의 약진을 방어할 수 있다. 그것이 한국 배터리가 살 수 있는 길이다. 메모리 반도체 시장에서 미국이 중국의 진입을 막아 한국이 편해진 것처럼 말이다. 2024년 6월, 바이든 행정부는 한·미·일 상공장관 회의를 통해 반도체뿐 아니라 배터리 분야에서도 협력을 강화하자고 제안했다.

디지털 트윈의 지름길, 위성통신

유선 인터넷으로 연결될 수 없는 곳들의 증가

인공지능 로봇이 많아질수록 그들 사이에 소통이 중요해진다. 사람도 원거리에서 로봇에게 메시지를 전달해야 한다. 이런 의사소통은 실시간으로 이뤄져야 하므로 초고속 통신이 필요하다. 그런데 유선 통신망이 일시적으로 끊어질 수도 있지 않은가? 그런 상황이 생기면 사고로 이어질 수 있다. 그 보완용으로 위성통신이 필요하다. 유선망은 지반공사나, 지진, 홍수 등 자연재해에 취약하지만 위성통신은 그런 물리적 제약이 거의 없다. 혹시 한 위성이 고장 나더라도 인근 위성을 사용하면 되므로 매우 안정적이다.

특히 위성통신은 유선 인터넷이 보급되기 어려운 곳에서 사용될 수 있다. 예를 들면 광산에서 일하는 휴머노이드 로봇과 교신할 때 쓰는 것이다. 사람은 디지털 환경에서 일을 하고, 산업현장에는 로봇만이 있는 디지털 트윈의 시대로 진입하게 될수록 공장은 굳이 사람이 출퇴근할 만한 곳에 있을 필요가 사라진다. 또한 인류는 다양한 자원을 얻기 위해 산악, 해저, 사막, 심지어 우주에까지 진출해야 한다. 즉 유선망으로 연결될 수 없는 곳들이 점증할 것이므로 위성통신에 대한 수요도 서서히 고개를 들 것이다.

미국 정부의 지원으로 위성 발사 급증

아직 위성통신은 느리다. 발사한 위성 수가 적기 때문이다. 서울에서 일본으로 데이터를 보냈는데 위성이 브라질 상공에 있다면 데이터는 브라질을 거쳐 일본으로 돌아와야 하므로 서비스 지연이 발생한다. 2025년 8월을 기준으로 일론 머스크의 스페이스 X$^{SPACE\ X}$가 쏘아 올린 저궤도 위성은 9,000여 개에 이른다. 위성 수가 5만 개를 넘어가면 어느 곳에서 데이터를 보내도 항상 상공 위에 위성이 대기하고 있어 서비스 지연이 발생하지 않게 된다.

2021년 말에 스페이스 X의 위성 수가 2,000개 남짓이었음을 감안하면 놀라운 확산세다. 아마존도 '프로젝트 카이퍼Project Kuiper'라는 이름으로 2025년 4월 28일에 첫 저궤도 위성 27개를 성공적으로 발사했고, 2029년까지 3,236개의 위성을 발사한다는 계획을 갖고 있다.

미국 국방부는 이런 민간위성의 제작과 발사에 상당한 자금을 지원하고 있다. 민간위성도 군사적 패권에 큰 기여를 하기 때문이다. 트럼프는 아이언 돔Iron Dome for America을 추진하고 있다. 즉 위성을 통해 적의 동태를 관측하면 팔란티어PALANTIR TECHNOLOGIES가 인공지능으로 그 의미를 해석해 적이 행동하기 이전에 무력화하겠다는 계획이다. 군사위성은 고궤도이므로 해상도가 낮은 반면, 민간위성은 저궤도이므로 선명하고 가격이 저렴하다. 집단을 이루는 위성들에 여러 센서를 부착하는 등 다양한 방법을 사용해 감시할 수 있다. 예를 들어 눈이나 비가 오면 가시광선으로는 관측에 한계가 있어 적외선을 사용해야 하는데, 이런 센서들을 다양한 저궤도 위성에 포트폴리오처럼 배치하여 관측하면 훨씬 효과적일 것이다.

미국, 러시아, 중국의 군사위성 수는 각각 100여 개씩으로 큰 차이가 없지만 스페이스 X를 비롯한 민간위성을 감안하면 미국의 위성 수가 압도적이다. 오늘날에는 위성이 정찰용으로 주로 쓰이지만 나중에는 레이저를 발사하여 대륙 간 탄도미사일을 직접 요격하도록 발전할 것이다. 이 경우 위성에 에너지가 필요하므로 마이크로 원자로를 부착할 수 있다. 이런 계획은 군사적 패권의 큰 부분을 차지하므로 미국 정부도 민간위성 발사를 적극적으로 지원하고 있는데, 이를 통해 위성통신이 발전하며 디지털 트윈 시대를 앞당기고 있다.

위성의 주요 부품 및 관련 업체들

위성통신은 고주파를 사용한다. 주파수가 높을수록 많은 데이터를 빠르고, 정확하게 보낼 수 있기 때문이다. 문제는 고주파가 도중에 사라져 멀리 못 갈 수 있다는 것이다. 그래서 출력을 높여야 한다. 출력을 높인다는 것은 전압이나 전류를 높인다는 뜻인데, 전류를 올리면 저항과 발열이 생기므로 전압을 높일 수밖에 없다. 그래서 위성통신 반도체 소재는 고전압에 잘 버티는(즉 밴드갭이 큰) 실리콘 카바이드나 질화갈륨을 사용한다. 질화갈륨은 발열은 덜하지만 열을 방출하는 데 취약해 이를 방열이 뛰어난 다이아몬드로 감싼다. 이런 솔루션을 제공하는 업체로 일본의 스미토모 전기를 앞서 소개했다.

한편 위성용 반도체는 전달되는 라디오 주파 및 레이저를 증폭시켜야 하며, 극한 환경에서 발생하는 잡음^{noise}을 제거해야 한다. 또 우주공간에는 강한 감마선, 엑스선, 고에너지 입자들이 존재하는데 일반적인 반도체는 이런 입자에 맞으면 전류가 비정상적으로 새고(누설전류), 전류 손실 및 데이터 오류로 이어진다. 따라서 위성용 반도체는 이를 방지하거나 잘못된 데이터를 복원하는 기능을 포함해야 한다. 위성용 반도체를 설계, 가공, 패키징하는 업체로는 RF(Radio Frequency) 신호 증폭에 경쟁력이 있는 영국의 방위업체 BAE 시스템스^BAE SYSTEMS(LON: BA, 시가총액 90조 원) 및 미국의 방산업체 노스롭 그루먼^NORTHROP GRUMMAN(NYSE: NOC, 시가총액 100조 원), 그리고 민간업체인 코보^QORVO((NASDAQ: QRVO, 시가총액 12조 원) 등이 있고, RF 신호를 정밀하게 변환하고 조정하는 두뇌 역할을 하는 집적회로를 생산하는 업체로는 아날로그 디바이스^ANALOG DEVICES(NASDAQ: ADI, 시가총액 167조 원)가 있다.

위성 제작에는 모터가 많이 소요된다. 그런데 극한 환경이므로 모터 전극에 전류를 제공하는 탄소 막대^brush를 사용할 수 없다. 불순물을 청소할 수 없어 기능이 빠르게 저하되기 때문이다. 그래서 스스로 자기장을 만들어 전류를 전달하는 브러시리스 모터^brushless DC motor가 요구된다. 또 정밀한 제어가 필요한데, 회전운동을 정밀하게 제어하는 스테퍼 모터^stepper motor와 직선운동을 정밀하게 제어하는 피에조 액추에이터^piezo actuator가 사용된다. 이런 모터 제조업체로 무그^MOOG(NYSE: MOGa, 시가총액 10조 원)가 있다.

위성통신 서비스 업체보다는 위성 하드웨어 부품 수요가 먼저 발생할 것이므로 위성용 반도체 소재 및 설계업체, 위성용 모터 생산업체에 관심을 가질 필요가 있다. 단, 이 부분조차 아직은 정부의 위성 인프라 투자 의존도가 크므로 본격적인 주가 상승까지는 시간이 소요될 것이다.

TEN BAGGER

제4장

자율주행·로봇·바이오가 만드는 기회
AI 추론 서비스

PORTFOLIO

추론 서비스의 첫 무대, 자율주행

　인공지능 서비스 가운데 자율주행이 가장 먼저 구체화된 이유는 자동차 공유가 가능하기 때문이다. 즉 이용할 시간을 시간표에 입력하면 자동차가 스스로 돌아다니며 여러 사람에게 서비스를 할 수 있다. 고객은 자동차 사용 비용을 절감할 수 있고, 보수 및 주차 등을 신경 쓰지 않아도 된다. 마음 맞는 몇 사람이 자동차를 공유하며 경제적 이득을 얻을 수 있다. 이런 비용 절감이 인공지능 추론 서비스를 도입하고 그것을 가속화하기 위한 초고속 통신망 설치 재원을 마련할 수 있음을 앞서 설명했다.

　자율주행 선도 기업은 테슬라(기술명: FSD)와 구글(기술명:웨이모 Waymo)이다. 테슬라는 카메라를 사람의 눈처럼 활용하겠다는 생각이다. 자체적인 주행 데이터가 풍부해 인공지능을 통해 학습하면 카메라만으로 자율주행이 가능하다는 판단이다. 반면 구글은 라이다^{LiDAR}(Light Detection and Ranging)를 이용해 좀 더 안전한 주행 환경을 만들겠다는 입장이다. 라이다는 빛을 쏘고 반사광을 측정해 3차원 주행 환경을 시뮬레이션하므로 공간을 정밀하게 인식할 수 있어 사고 방지에 유리하다.

현재 테슬라의 자율주행 기술은 내비게이션에 따라 주행하고, 차선 변경, 자동 주차, 교차로 대응 등이 가능한 완전 자율주행 단계 같지만 카메라가 신호등, 정지 표지판, 차선 마킹 등을 인식하기 어려운 상황이나 눈, 비, 안개 등 악천후로 인해 카메라의 기능이 제한되면 사고의 우려가 있다. 즉 인간의 개입이 필요한 불완전한 상태다. 그래서 레이더^{radar} 도입을 검토 중이다. 파장을 쏴서 카메라 없이도 주위 사물들의 거리, 방향, 속도를 감지하여 보완하겠다는 계산이다.

인공지능이 발전하고, 테슬라의 카메라 기반 자율주행이 대세가 되면서 수요를 잃은 라이다 업체들의 주가는 폭락한 상태다. 세계 최초로 360도 회전용 3차원 라이다를 상용화한 벨로다인^{VELODYNE}이 경쟁 업체인 우스터^{OUSTER}에 흡수 통합될 정도다. 그런데 자동차는 기본적으로 위험하다. 일단 사고가 나면 피해가 크다. 테슬라도 레이더보다 안전한 라이다로 보완하고 싶겠지만 비용 부담이 크다. 그런데 로봇 시뮬레이션이 발전하면서 차량 1대당 부착해야 하는 라이다 개수가 줄고, 또 기능이 단순화된 라이다가 등장하면 부담이 작아질 것이다. 만일 테슬라가 라이다를 조금이라도 채택할 경우, 우스터 등 주가가 폭락해 있는 라이다 업체들의 주가는 급반등할 수도 있다.

한편 오로라 이노베이션AURORA INNOVATION은 고속도로에서의 트럭 자율주행 솔루션을 개발하는 업체다. 2017년에 구글 웨이모, 테슬라, 우버의 자율주행 핵심 개발자가 나와서 창업했다. 고속도로에서 트럭의 안전거리와 사각지대를 파악하는 등 화물을 안전하게 운반할 수 있도록 자율주행 인공지능을 특화했다. 고속도로를 통해 화물을 거점별로만 운반하는 단순한 작업이고, 복잡한 시내 주행을 배제해 사고 위험이 적기 때문에 규제당국의 승인을 먼저 받을 수 있다는 생각이었다. 그러나 쉽지 않았다. 고속도로 승용차 운전자들이 무인 트럭을 거북하게 생각했기 때문이다. 예를 들어 눈, 비가 오거나 안개 낀 상황에서 무인 트럭이 자칫 실수를 하면 승용차에게 트럭은 흉기로 돌변할 수 있다.

현재 오로라 이노베이션은 텍사스처럼 교통량이 한산한 곳에서 시험 자율주행을 하고 있다. 텍사스주 내 댈러스-휴스턴 구간 고속도로에서는 오로라 이노베이션의 트럭 자율주행이 상용화되었고, 야간 자율주행도 실시 중이다. 우선 교통량이 적은 텍사스주 내 고속도로에서 트럭 자율주행을 확대 중인데, 그 기록이 누적되어 무인 자율주행 트럭이 고속도로에서 승용차와 함께 달려도 안전하다는 인식이 확산되면 다른 지역으로 서비스 범위를 넓혀갈 것이다. 트럭 자율주행 기술을 사용하면 운전자 인건비를 절감할 수 있으므로 규제만 뛰어넘으면 빠르게 보급될 것이고, 플러그파워의 트럭용 수소 연료전지 판매도 급증할 것이다. 단, 시간이 지나면 테슬라와 구글이 오로라 이노베이션의 서비스 시장에 진입할 수도 있지만, 시장 선점 효과$^{early\ mover\ advantage}$가 클 것으로 판단된다.

기업 소개 자율주행 관련 솔루션 제공 기업들

기업명	특징	시가총액 (단위: 조)	PER (배)
테슬라 (NASDAQ: TSLA)	- 방대한 주행 데이터를 선점하여 카메라만으로 자율주행 추진 - 자율주행에서 휴머노이드 '옵티머스^{Optimus}'로 진화 - 스페이스 X, 자율주행, 로보틱스가 제어 및 센서 역량, 내구성 있는 경량 합금 소재까지 공유하며 시너지 - 단, 전기차 시장이 중국 설비 확장으로 인해 공급 과잉 우려	2073.5	308.7
우스터 (NASDAQ: OUST)	- 3차원 주행 환경을 표시할 수 있는 라이다 생산업체 - 라이다가 간소화되어 저렴해지면 수요 회복 기대 (라이다 업계는 완전 구조조정된 상황으로 소수 업체만 생존)	2.9	-
오로라 이노베이션 (NASDAQ: AUR)	- 고속도로에서의 트럭 자율주행 솔루션 (운전자 인건비 절감) - 교통량이 한산한 텍사스주부터 상용화	13.6	-

주) 시가총액, PER은 2025.10.25 기준

자율주행이 자동차 수요를 줄일까?

자동차 공유는 자동차산업과 철강산업에 부정적이다. 지금은 사람들이 자신의 차에 집착하지만 공유의 편리함과 경제성을 경험할수록 자동차 공유에 익숙해질 것이다. 특히 자율주행은 자동차 사고를 획기적으로 줄일 수 있다. 인공지능은 술을 마시지 않고, 졸지도 않기 때문이다. 초고속 인터넷이 도입되면 자동차들끼리 실시간으로 교신하며 달릴 것이다. 앞차가 어떤 행동을 할지 뒤차가 바로 알 수 있으므로 사고를 피할 수 있다. 심지어 고속도로에서 차간 안전거리를 10미터로 줄일 수도 있다. 그렇다면 교통체증도 크게 줄어들 것이다. 자동차는 안전해지는 만큼 누구나 만들 수 있는 가전제품으로 전락하며, 시장 내 경쟁이 치열해지고, 부가가치가 하락할 수도 있다.

로보틱스의 새로운 세계, 휴머노이드

휴머노이드가 우선 적용될 분야

고정형 로보틱스는 이미 산업현장에 많이 보급되었다. 특히 인구 노령화로 노동력 부족을 먼저 경험한 일본에서 발전했다. 화낙^{FANUC}, 야스카와^{YASKAWA} 같은 일본 기업들이 산업 자동화 로봇 시장을 선도하고 있다. 스위스의 ABB도 그 대열에 있다. 이런 설비들은 인간의 설계대로 알고리듬에 따라 움직였는데 점차 스스로 판단하고 행동하는 기능이 많아지는 로봇으로 발전하고 있다. 인공지능 추론이 세련되어질수록 이들 로봇은 더 스마트해지고, 부가가치가 높아질 것이다. 예를 들어 화낙은 엔비디아의 플랫폼 아이작^{Issac}을 활용해 로봇에게 부품 조립법을 학습시키고, 현장에서 정확하게 작동할 수 있도록 시뮬레이션을 한다. 여기에는 만일의 경우 일어날 수 있는 사고에 대한 대처법까지 포함된다. 학습된 로봇이 배우는 과정과 시뮬레이션에서 느낀 경험은 클라우드를 통해 다른 많은 로봇들에게 공유^{swarm learning}할 수 있다.

이 똑똑해진 로봇들은 자율주행 기술에 힘입어 돌아다닐 수도 있게 되었다. 1992년, MIT의 마크 레이버트^{Marc Raibert} 교수가 설립한 보스톤 다이내믹스^{BOSTON DYNAMICS}는 스폿^{Spot}이라는 이름의 로봇 개를 출시했다. 스폿은 산업현장에서 돌아다니며 데이터를 모으고, 시설의 안전상태를 점검한다. 이런 이동형 로봇은 돌아다니며 정보를 수집하는 능력 외에도 작업물의 이동이 어려울 때 로봇이 작업물로 직접 접근할 수 있고, 또 로봇을 없앨 때에는 철거 비용이 들지 않는다는 장점이 있다. 점차 사람은 집에서 공장에 있는 기계에게 작업을 지시하고, 공장에는 기계만 있는 어두운 공장으로 변해갈 텐데 이런 상황에서 공장 전체를 돌아다니며 감독할 수 있는 이동형 로봇의 필요는 증가할 수밖에 없다. 한국의 현대자동차는 2021년 6월, 보스톤 다이내믹스의 지분 85%를 11억 달러에 인수했다(나머지 지분도 인수할 계획이다).

만일 이동형 로봇이 공장을 벗어날 정도가 되면 그 수요는 폭발적일 것이다. 로봇이 사람이 하던 물리적 작업도 대신할 수 있기 때문이다. 단, 로봇은 사람 모양이어야 한다. 우리 사회의 모든 기능은 사람이 쓰기에 편하도록 설계되었고, 그래서 사람을 닮은 로봇, 휴머노이드가 필요하다.

　전 세계적으로 출산율은 하락하고, 노동 가능 인구는 2010년대 하반기를 지나며 감소하고 있다. 이런 추세가 가장 두드러진 곳이 한국이다. 휴머노이드를 쓸 수밖에 없다. 또한 지난 40년간의 글로벌화를 뒤로하고 이제 세계 각국은 '각자도생'의 길로 접어들었다. 미국도 중국보다 더 경쟁력 있는 생산기지를 원한다. 장기적으로 미국의 물가를 안정시켜줄 수 있기 때문이다. 인건비가 높은 미국에서 경쟁력 있는 생산기지를 구축하려면 로보틱스 휴머노이드 도입이 불가피하다.

　우선 사람들이 하기 싫어 하거나 할 수 없는 일들을 로봇에게 맡길 수 있다. 대표적인 예가 '치매환자 돌보는 로봇'이다. 노인은 급증하지만 젊은이는 줄고 있다. 앞으로 사람에게 간호받을 수 있는 치매환자는 행운일 것이다. 로봇은 환자의 웨어러블 디바이스^{wearable device}의 정보를 읽고, 병원 의사와 교신하며 복약 지도 및 건강 조언을 해줄 수 있다. 이 정도까지는 고정형 로봇으로도 가능하지만 치매환자를 산책까지 시키려면 휴머노이드 로봇이어야 한다.

　미국은 희귀금속을 얻으려고 바닷속을 뒤지고 있다. 채굴 과정에 사람의 섬세한 작업이 필요한 경우도 있으나 사람은 해저에서 버틸 수 없다. 또한 광산이나 화재 현장처럼 사람이 일하기 어려운 곳에서도 휴머노이드가 사람을 대신할 수 있다.

휴머노이드 상용화, 어디까지 왔나?

휴머노이드는 사람처럼 수많은 관절을 갖고 있다. 관절 마디마디가 모두 '계산'이다. 2022년까지는 엔비디아도 휴머노이드 개발이 어렵다고 이야기했다. 마찰과 같은 비선형적 변화들을 계산하는 일이 쉽지 않다는 것이다. 그런데 2025년 초 CES에서 엔비디아의 CEO 젠슨 황은 "휴머노이드가 전환점tipping point에 왔다"라고 언급했다. 그만큼 GPU를 병렬로 놓고 계산해내는 능력이 발전했다는 의미다.

테슬라의 '옵티머스'는 키 173cm, 몸무게 57kg의 '휴머노이드'다. 목표가격은 1대당 2만 달러다. 공장이나 창고에서 하루 8시간씩 단순 작업을 시키고 그 수명을 보수적으로 잡아 3년이라고 가정하면 소요되는 비용은 인간 노동자의 3분의 1이다. 시간당 임금이 6.6달러에 불과하다. 노동생산성도 인간의 2배에 달한다. 로봇은 불평도 없고, 사고를 치지도 않는다. 상용화된다면 안 쓸 이유가 없다.

문제는 대량생산 시 수율이다. 휴머노이드 생산은 전기차나 산업용 로봇 생산과는 다르다. 인간의 체내 조직이나 장기를 3D 프린터를 통해 생산하려는 시도가 있지만 난관에 봉착하는 이유는 그 안에 미세하고 복잡한 혈관과 신경조직이 얽혀 있고, 심지어 그 사이에 나노 역학도 존재하므로 이를 그대로 구현하기 어렵기 때문이다. 휴머노이드도 내부 배선이 복잡하므로 생산을 자동화하기가 어렵다. 사람이 손으로 작업해야 하는 부분이 많다 보니 생산 속도가 떨어질 수밖에 없다. 휴머노이드를 조립할 수 있는 휴머노이드는 아직 개발되지 않았다.

과연 테슬라는 언제 옵티머스를 2만 달러에 선보일 수 있을까? 사실 세계 최초의 휴머노이드를 출시한 곳은 중국의 유비테크^{UBTECH}다. 그러나 활동은 미미하며, 대규모 적자를 감수하고 있다. 중국의 유니트리 로보틱스^{UNITREE ROBOTICS}는 2023년 5월에 휴머노이드 H1을 공개했는데 당시 가격은 15만 달러(2억 1000만 원)로 경제성이 없었다. 1년 후인 2024년 5월에는 키 132cm, 몸무게 35kg의 소형 업그레이드 버전 G1을 1만 6,000달러(2200만 원)에 출시할 것으로 발표해 기대를 남겼으나 이후의 행보는 마찬가지로 의미 없는 수준이다. 지금은 중국 정부의 도움을 받으며 경험을 쌓는 단계로 볼 수 있다. 단, 고무적인 점은 휴머노이드에 쓰이는 특수합금, 모터 등의 소재가 수요 증가 중인 위성에도 쓰이는 덕에 생산 인프라가 확대되고 있다는 것이다.

당장은 대량생산이 가능한 수준에서 휴머노이드의 기능이 맞춰지는 타협이 있을 것으로 보인다. 즉 옵티머스도 생김새와 하는 일이 기존 예상보다 단순해질 수 있다. 그래도 사람이 하는 일을 비슷하게 하며 우리를 도울 테고, 그런 식으로 휴머노이드 시대가 열리며 생산 기술이 발전해갈수록 로봇은 사람을 닮은 모습으로 진화할 것이다.

테슬라 옵티머스 가격이 2만 달러라면?(미국 기준)

테슬라 옵티머스 3년 사용 (1일 8시간, 5일 작동)	3년 비용 (단위: 달러)	비고
구입비	20,000	1대 가격
전기료	1,123	시간당 1kW 소모, 연간 2,080시간 노동
부품 교체(배터리 및 기타)	700	
소프트웨어 업데이트 (테슬라에 지급)	300	
보험료	900	
충전기	1,000	
로봇 데이터 관리 인력 (로봇 20대 커버)	18,000	(= 연봉 12만 달러 * 3년 / 20대)
3년간 총 비용	42,023	
시간당 비용 (연간 2,080시간 작업)	6.73	(미국 공장 및 창고 노동자들의 평균 시급은 18~19달러)

휴머노이드 밸류체인의
진짜 강자들

로봇 학습과 시뮬레이션

　인공지능 로봇은 수많은 데이터를 통해 패턴을 찾으며 학습한다. 현장에 적용하려면 그 현장에서 일어날 수 있는 다양한 상황들과 결과들을 로봇에게 경험시켜야 하는데 이를 '시뮬레이션'이라고 한다. 로봇은 시뮬레이션에서 얻은 긍정적, 부정적 경험을 토대로 자신의 행동을 강화시킨다. 거기에는 '이런 상황에서는 반드시 이런 작업을 먼저 해야 한다'라는 식의 경험들이 포함된다. 즉 학습 ⇨ 시뮬레이션 ⇨ 재학습의 과정을 반복한 후 현장에 투입된다.

　이런 로봇 개발 소프트웨어 플랫폼을 완성한 곳이 엔비디아다.

DGX는 수많은 데이터를 모아 딥러닝을 통해 패턴을 찾고, 로봇에게 기본 학습을 시켜주는 플랫폼이다. 또 다른 플랫폼도 있는데, 그 후 로봇이 현장에서 맞이할 수 있는 다양한 상황을 만들고, 교훈을 주어 경험시키는 시뮬레이션 플랫폼으로 이름은 아이작이다. 아이작은 시뮬레이션 후 강화 학습까지를 맡는다. 로봇이 현장에 투입되었을 때 학습을 바탕으로 판단, 제어하는 기능을 수행하는 컴퓨팅 환경을 제공하는 플랫폼은 젯슨Jetson이다. 추론 서비스 로봇을 개발하는 기업들은 엔비디아의 학습 및 추론 플랫폼을 사용해야 하며, 여기에 의존하는 한 엔비디아가 요구하는 반도체를 쓸 수밖에 없다. 그래서 인공지능이 학습에서 추론으로 넘어가도 엔비디아의 패권이 끝나지 않는다고 판단하는 것이다.

반면 테슬라는 하드웨어에서 얻은 데이터를 기반으로 로보틱스를 선도한다. 즉 전기차의 배터리, 모터, 주행 환경에서 얻은 데이터, 그리고 스페이스X 위성의 속도, 가속도, 자세 제어 관련 데이터들을 수집하고, 여기에 인공지능을 더해 로봇의 완성도를 높인다. 결국 테슬라 로봇의 경쟁력은 차별적인 하드웨어 이해력에서 비롯된다. 그런데 테슬라와 같은 하드웨어 데이터를 가진 자동차, 산업용 기계 업체들이 엔비디아의 로봇 개발 플랫폼을 이용하므로 엔비디아도 점차 하드웨어에 대한 이해력을 넓힐 수 있다. 즉 시간이 갈수록 엔비디아가 유리해질 수도 있다.

2024년 2월에 엔비디아, 오픈AI, 마이크로소프트, 아마존 등은 휴머노이드의 소프트웨어와 하드웨어를 통합 개발하는 초기 기업인 피겨AI $^{FIGURE\,AI}$에 공동으로 투자했다. 기술이 완성 단계에 가까워질수록 홀로서기를 할 텐데 아직 공동투자를 하는 것을 보면 해결해야 할 과제가 남았음을 의미한다. 뒤집어 이야기하면 홀로서기를 선언한 테슬라가 휴머노이드 생산에 가장 자신 있어 보인다. 테슬라는 자체적인 로봇 일관 생산체제를 유지하기 때문에 그만큼 가격경쟁력이 확보된다.

로봇 하드웨어 제작에 소요되는 부품, 소재

로봇의 관절 역할을 하는 것이 서보 모터$^{servo\,motor}$다. 로봇의 특정 부위를 원하는 위치에, 원하는 속도로 제어하는 역할을 하며, 로봇 동작의 신속함과 정확성에 기여한다. 여기에 감속기가 더해진다. 섬세한 동작을 하기 위함이다. 모터의 속도를 줄이면 힘^{torque}이 증가하여 정교한 동작을 할 수 있는 것이다. 골프선수가 왜 근육을 키우나? 비거리를 늘리려는 목적도 있겠지만 힘이 남는 만큼 동작을 줄여 정교한 스윙을 할 수 있기 때문이다. 감속기도 그런 목적이다.

그런데 서보 모터와 감속기는 전통적인 산업용 로봇에도 쓰였던 부품이다. 즉 이미 생산 인프라가 있다. 가장 먼저 생산 자동화를 시행한 일본 업체들이 대표적인데, 하모닉 드라이브 시스템스^{HARMONIC DRIVE SYSTEMS}와 나브테스코^{NABTESCO}를 꼽을 수 있다. 재미있는 것은 이들의 실적이 아직 저조하다는 것이다. 왜 그럴까? 산업용 로봇조차 아직 생산 물량이 충분하지 않아 대량생산보다는 주문생산에 의존하므로, 규모의 경제 효과가 떨어지기 때문이다. 그러나 앞으로 인공지능 추론을 장착한 로봇이 사람을 대체하여 생산 규모가 확대될 경우, 이들의 수익성은 급반등할 수 있을 것이다.

한편 로봇의 소재는 가벼워 활동이 편하고, 충돌에도 견딜 수 있도록 유연하며 내구성이 있는 특수합금이어야 한다. 위성에도 이런 특수합금이 쓰이므로 대량생산 인프라 구축에 도움이 된다. 대표적 업체로는 카펜터 테크놀로지^{CARPENTER TECHNOLOGY}와 ATI^{ALLEGHENY TECHNOLOGIES}가 있다. 카펜터 테크놀로지는 분말 금속, 3D 프린팅에서 차별성을 갖고 맞춤형 고부가 정밀 특수합금에 집중한다. 반면 ATI는 광범위한 특수합금을 다루며, 특히 스텔스 전투기 등 무기 관련 특수합금 비중이 높다. 소형 원자로도 고온에 견딜 수 있는 특수합금이 필요하므로 ATI는 납품 기회가 늘어날 수 있다.

아날로그 디바이스는 로봇이 산업현장의 물리적 신호를 검출하고, 이를 정밀하게 처리 및 제어하는 데 사용되는 아날로그 반도체 분야의 대표기업이다. 사람 뇌로 치면, 자극을 감지하고, 신호를 처리하고 반응하는 기능을 담당한다. 아날로그 디바이스의 핵심 경쟁력은 산업현장의 아날로그 신호를 정확하게 감지하여 디지털 신호로 바꿔줄 수 있는 능력, 센서-프로세서-제어에 이르는 전체 시스템을 모두 이해하고 있다는 점이다. 미국의 텍사스 인스트루먼츠^{TEXAS INSTRUMENTS}, 네덜란드의 NXP도 아날로그 반도체 기업이지만 단순 부품을 공급할 뿐 전체적인 이해는 부족하다.

로봇의 건강관리도 필요하다. 로봇의 성능 데이터를 수집하여 유지, 보수하고, 사고를 예방하는 일이다. 문제 발생 시 증강현실^{AR}을 이용해 로봇을 수리하는 서비스가 있다. 대표적인 업체는 PTC다. 로봇이 다양해지고, 기능이 복잡해질수록 PTC의 수요도 증가할 것이다. PTC는 소프트웨어의 정보를 사람이 보기 편하게 시각화하는 기업이다. 향후 사물인터넷, 디지털 트윈의 시대로 접어들면 핵심 기업으로 떠오를 수 있다.

기업 소개 휴머노이드 관련 주식

분야	사업 내용	유망 기업
휴머노이드 설계 및 시뮬레이션	- 로봇의 학습, 시뮬레이션, 현장 제어 플랫폼 개발(테슬라는 하드웨어 데이터 기반, 일관 생산체제. 엔비디아는 AI 반도체 기반, 다양한 플랫폼) - 보스턴 다이내믹스는 하드웨어 개발에 주력	테슬라 엔비디아 보스턴 다이내믹스
전통 자동화 로봇의 진화 (인공지능 기능)	- 이미 산업현장에서 일하고 있는 고정형 로봇들에 인공지능 기능이 더해지며 부가가치(생산성) 제고	화낙 야스카와 ABB
로보틱스 하드웨어 (서보 모터, 감속기)	- 로봇의 동작을 정확하고, 정교하게 하는 부품 (이미 산업현장에서 쓰이고 있는데 로보틱스 덕분에 규모의 경제에 이르면 수익성 급상승	나브테스코
로보틱스 소재 (특수합금, 탄소섬유)	- 극한 상황에도 견디는, 가볍고 유연한 합금 - 위성, 소형 원자로 등 특수합금 수요 증가 - 로봇의 피부 역할을 하는 탄소섬유(헥셀)	카펜터 테크놀로지 ATI 헥셀
센싱 및 제어	- 생산 현장에서 로봇이 신호를 감지하고 처리하여 제어까지 전체적으로 하는 기능(사람 뇌의 반응)	아날로그 디바이스
로봇 관리	- 로봇의 행동을 관찰하고, 그 의미를 시각화 - 로봇 수리 시 증강현실(AR) 화면 제공	PTC

로봇,
심해의 보물을 찾다

희토류^{rare earth elements}의 뜻은 흩어져 매장되어 있어 한번에 경제적으로 채굴하기 어렵다는 것이겠으나 실제로 이 용어는 '강자성^{ferromagnetism}'을 띠는 물질을 가리킬 때 사용된다. 즉 희토류는 외부의 자기장 없이도 자석의 성질을 띤다. 자석의 힘이 강하면(강한 자기장을 갖고 있으면) 에너지를 변환하거나 데이터를 저장하는 데 활용될 수 있다. 예를 들어 모터 안의 코일에 전기를 흘려 자기장을 만들면 회전력으로 변환할 수 있는데, 외부 전기 없이 스스로 자기장을 갖고 있는 금속은 그런 힘을 낼 수 있다. 특히 자성^{magnetism}이 강할수록 더 작고 가벼운 장치로 큰 출력을 낼 수 있다.

또한 자기장의 방향으로 데이터를 저장할 수도 있다. 한쪽 방향을 '0', 반대를 '1'로 하여 다양한 센서의 정보로 활용할 수 있다.^{magnetic sensor} 자기장이 강하고 안정적일수록 더 미세한 데이터를 추출하여 정확하게, 오랜 기간 동안 유지할 수 있다. 강한 자기장을 갖는 희토류는 반도체, 전기차, 스마트폰, 전투기 등에 반드시 필요하며 우리 생활에 감초처럼 쓰이고 있는, 없어서는 안 될 핵심 자원이다.

중국의 희토류 전략 무기화

미국이 중국의 반도체 시장 접근을 제한하자 중국은 희토류 제공을 억제하겠다고 맞불을 놓았다. 트럼프가 덴마크령의 그린란드를 인수해서 북극해를 장악하려는 큰 이유도 해저에 매장되어 있는 희토류를 확보하기 위함이다. 미국은 중국 수입에 의존하던 희토류 자급에 골몰하고 있다.

사실 미국은 1990년대 중반까지만 해도 1952년 개장한 캘리포니아의 마운틴 패스^{Mountain Pass} 광산을 통해 희토류 광물을 세계에서 가장 많이 생산하는 나라 중 하나였다. 그러나 이 광산은 미국의 엄격한 환경기준, 낮은 생산성 등으로 인해 2002년에 폐쇄됐다. 2012년에 다시 개장했지만 희토류 정제, 분리 능력이 있는 중국으로 채취한 것을 보내 가공해야 한다. 이 광산은 2017년에 MP 머티리얼즈^{MP MATERIALS}

가 인수하여 운영하고 있다.

　17종의 희토류는 화학적으로 거의 비슷한 상태이므로 물리적, 화학적으로 분리하기가 매우 어렵다. 섞여 있는 희토류를 성분별로 분리하고 정제하는 방법은 전기적, 화학적 자극을 주어 반응하는 속도의 차이를 이용하는 것이다. 그런데 희토류는 화학적으로 서로 구조가 너무 비슷해서 온도 및 용매의 농도 차이가 아주 약간만 바뀌어도 수율(생산성)에 큰 차이가 있다. 특히 불순물이 조금만 섞여도 자성이 크게 떨어진다. 이 제어를 잘하려면 수십 년간의 누적된 경험이 필요한데 중국은 1980년대부터 쌓인 데이터가 있다. 한국이나 일본에도 훌륭한 금속 제련소들이 있지만 희토류에 관한 한 중국의 경험을 대체하기 어렵다.

　현재 희토류 정제 및 분리에서 가장 역량 있는 기업은 중국 북방 희토CHINA NOTHERN RARE EARTH GROUP, 호주의 라이너스 레어 어스LYNAS RARE EARTHS다. 미국은 중국 외 지역에 희토류 생산, 가공 클러스터를 만들려는 움직임을 보이고 있다. 즉 희토류 매장이 풍부한 호주, 카자흐스탄, 환경규제가 덜한 인도를 소비시장이 있는 북미와 연결해보려는 것이다. 하지만 중국을 대체하려면 시간이 필요할 것이며, 미국은 이런 불편을 무력(전쟁)으로 해결할 가능성도 있다.

희토류 채굴 로봇

희토류는 해저 매장량이 풍부한데 주요 매장 지역의 수심이 5km 정도다. 압력이 엄청나고 온도는 섭씨 1~2도에 불과하며 빛도 없는 척박한 환경이다. 이런 곳에서는 사람이 작업할 수 없고, 멀리서 로봇을 조작하며 일해야 한다 ROV(Remotely Operated Vehicle). 해저광물 채집기는 바다 밑바닥을 돌아다니며 희토류가 있는 부분을 발견하고, 펌프, 노즐로 흡입하여 희토류 입자 크기의 물질만 통과시키고, 모래나 자갈은 걸러내며 작업하는 로봇이다. 자신에게 문제가 생기면 보고하거나, 스스로 처리해야 한다.

라이저 Riser는 수집된 광물을 바다 위 선박까지 올려 보내는 파이프다. 5km에 이르는 라이저는 예민하고, 관리가 어려울 것이다. 자체 무게만 수백 톤인데, 여기에 희토류 및 불순물까지 유입된 상태에서는 작은 파도에도 크게 요동치며 파손될 수 있기 때문이다. 이를 견디려면 특수 재료, 유체 시뮬레이션을 통한 진동 저감 구조, 유연한 관절을 만드는 등의 기술이 필요하다.

이런 채집기 로봇 및 라이저는 설치 후 수개월에서 수년간 바닥에 깔려 험악한 환경을 견뎌야 한다. 고장이 나면 선박처럼 바로 고칠 수도 없다. 회수에만 며칠이 소요되고, 비용은 수백억 원에 이른다. 따라서 아무나 만들 수 없고, 역사적으로 신뢰를 얻은 몇 개의 제한된

업체가 생산한다. 특히 이 시장은 신규 진입 시 검증 절차가 매우 까다로워 진입장벽이 높다. 가장 신뢰도가 높은 해저광물 채굴 기업으로는 미국의 오셔니어링 인터내셔널 OCEANEERING INTERNATIONAL을 들 수 있다. 이 기업은 척박한 해저환경에 견딜 수 있는 소재부터 로봇 제어에 이르기까지 전체적인 솔루션을 갖고 있다.

심해 로봇의 소재

철 성분이 바다에 오래 머물면 염분과 산소로 인해 녹이 발생하거나 변형된다. 따라서 특수합금과 금속코팅이 필요하다. 특히 바닷물은 염분으로 인해 두 금속이 접촉됐을 때 배터리 역할을 해 금속의 전기 부식을 유발한다.

해저 로봇을 강철과 티타늄으로 만들었다고 가정해보자. 강철은 티타늄에 비해 전위가 낮다. 이것은 강철이 자신의 전자를 티타늄에게 쉽게 주고 녹을 수 있다는 뜻이다(반면 전위가 높다는 것은 자신의 전자를 잃지 않고, 보호되는 경향이 강하다는 의미다). 즉 강철의 전자가 바닷물이라는 전해질을 통해 티타늄으로 넘어간다. 강철은 양극이 되고 티타늄은 음극이 되어 전류가 발생하는데, 이 과정에서 강철이 부식된다. 그 결과 로봇은 훼손될 것이다.

또한 심해 로봇은 파도 및 조류의 외부 자극에 계속 노출된다. 풍선 안에 바람을 주입했다 빼기를 반복하면 금방 흐물흐물해지는 것처럼 금속도 주위의 자극이 계속되면 구조가 취약해진다.

니켈 기반의 초합금^{Ni-based superalloy}은 이런 부식 및 외부 충격에 버틸 수 있는 특수합금으로, 인코넬^{Inconel}이라고 부른다. 인코넬은 고압에 잘 버티고, 부식에 강하다. 또한 티타늄 계열의 합금도 유용한데, 가볍고, 녹슬지 않는다는 장점이 있다.

이런 소재를 개발하는 대표적인 기업은 미국의 ATI다. 앞서 휴머노이드 및 위성에 소요되는 특수합금 주력업체로 카펜터 테크놀로지와 ATI를 소개했는데, ATI가 고압에 견딜 수 있는 구조물 설계를 중심으로 하므로 해저 로봇 및 구조물 소재에서 카펜터 테크놀로지보다 앞서 있다. 반면 카펜터 테크놀로지는 정밀기계 소재에 집중해 휴머노이드 및 위성 부품에 상대적인 강점이 있다.

ATI vs. 카펜터 테크놀로지

두 업체 모두 특수합금 전문 기업이지만 ATI는 해저 로봇 및 소형 원자로와 같은 고온·고압에 잘 견디는 소재, 그리고 카펜터 테크놀로지는 위성 및 정밀 로봇에 장점이 있다.

먼저 ATI는 금속에 열처리 등을 해 금속 내부 큰 결정들을 규칙적으로 정렬시키는 능력이 강점이다. 따라서 결정들이 크지만 빈틈없이 규칙적으로 결합되어 있어 고온·고압에 무너지지 않고 잘 버틴다. 소형 원자로도 고온이므로 ATI 기자재가 쓰일 전망이다.

반면 카펜터 테크놀로지는 금속을 진공상태에서 용해시켜 합금을 만들기 때문에 불순물이 섞이지 않는다. 따라서 금속 내부의 결정들이 매우 미세하고, 안정되어 있고 온도 변화에 강하다. 우주는 진공상태이므로 열전달이 불가능해 우주선의 한쪽은 태양열에 의해 섭씨 150도까지 상승하는 반면 그 반대편은 영하 150도까지 내려갈 수 있다. 미세한 조직은 이런 극한의 온도차를 수축, 팽창 없이 견딜 수 있다. 또한 극저온으로 내려가면 금속이 부서질 수도 있는데(취성), 미세함과 단단함이 그런 결함도 막아준다. 특히 금속결정을 따라 흐르는 전자기적 신호는 불순물이 있을 경우 방해를 받아 왜곡되고, 저항이 발생하는데 이런 문제도 해결된다.

사실 카펜터 테크놀로지가 생산하는 미세금속의 내구성을 감안하면 해저 로봇이나 소형 원자로에도 사용할 수 있을 것이다. 그러나 비싸다. 즉 ATI는 고온·고압에 견딜 수 있는 특수금속을 싸게 만드는 비법이 있는 것이다.

기업 소개 희토류 및 심해 로봇 관련 기업들

기업명	사업 내용	시가총액 (단위: 조)	PER (배)
MP 머티리얼즈 (NYSE: MP)	- 미국 내 전통적 희토류 생산 광산 마운틴 패스 인수 - 희토류 정제, 분리 노하우는 중국이 가지고 있지만 어떻게 가공하느냐에 따라 로봇, 위성, 소형 원자로 등의 성능이 결정될 수 있어 미국이 반드시 내재화할 것 - 미국 내 희토류 안보에 직접적 수혜	14.8	-
오셔니어링 인터내셔널 (NYSE: OII)	- 에너지·국방용 해저 로봇 전문 개발 및 생산 기업 - 해저지형 점검, 해저에 견딜 수 있는 소재 개발, 로봇 개발, 로봇 제어, 용접 등 해저 작업 및 수리 관련 모든 솔루션 보유	3.2	10
ATI (NYSE: ATI)	- 특수합금 개발(고온·고압에 견딜 수 있는 소재 전문) - 금속 내부의 결정을 규칙적으로 배열하여 빈틈을 없애는 바, 외부 충격을 잘 견딜 수 있는 소재로 개발. - 특히 저렴하게 대량생산 - 해저 로봇 및 소형 원자로에 적용 가능	19	31.5

주) 시가총액, PER은 2025.10.25 기준

바이오산업의 비상은 이제부터

인간이 인공지능과 관련해 가장 먼저 지갑을 열 분야는 바이오산업이다. 사람이 평생 벌어서 절약하다가 죽기 전 6개월 동안에 모두 쓴다는 말이 있다. 그만큼 건강에 예민하다는 의미다.

신약 개발에서의 인공지능

인구가 고령화됨에 따라 우려되는 문제 중 하나는 건강보험 재정이 악화된다는 점이다. 우리 몸에서는 돌연변이 세포, 즉 암세포가 하루에도 수천 개에서 수만 개씩 생겨나는데, 면역세포가 그것을 찾아내 제거한다. 하지만 나이가 들수록 면역력이 떨어져 암과 같은 치명적인 질병에 빈번하게 노출된다.

대부분의 신약은 미국 제약사들이 개발한다. 미국에서는 약가를 제약사가 스스로 정한다. 즉 폭리를 취할 수 있다는 것이다. 미국 정부는 그들의 폭리를 인정한다. 그 돈 가운데 일정 부분이 신약 개발을 위한 연구개발로 재투자됨으로써 미국 바이오산업의 탁월성을 유지할 수 있다고 믿기 때문이다. 다른 나라 정부들은 미국의 약을 비싸게 사다가 국민들에게 싸게 나눠줘야 한다. 그 과정에서 건강보험 재정이 악화된다.

신약을 개발하는 과정에서 가장 많은 돈이 투자되는 부분은 환자에 대한 임상시험 단계다. 그 전에 먼저 전前 임상이 이뤄지는데, 환자에게 약을 적용해보기 전에 실험실에서 신약 물질을 개발하고, 인간과 비슷한 동물에게 투약해보는 절차다. 그 후 병원 환자에게 임상절차를 거친다. 약은 기본적으로 독성이 있다. 그런 약을 환자가 얼마나 먹어도 별문제 없이 안전한지 점검하는 절차가 임상 1상이다. 임상 2상은 그 정도의 분량을 복용했을 때 어느 정도의 효능이 있는지를 판별하는 과정이다. 임상 3상은 적용 환자 수를 확대하여 임상 1상과 2상의 결과를 보편화하는 작업이다.

먼저 신약 후보 물질을 찾는 것은 바닷가 백사장에서 바늘 찾기보다 어렵다고 한다. 인체에 적용할 수 있는 신약 물질은 화학 합성 물질, 그리고 항체나 RNA 등 우리 몸의 단백질이나 핵산이다. 그런데 이런 물질들이 어떤 형태로 결합하는지에 따라 신약의 독성과 효능이 달라진다. 더욱이 그런 물질들이 서로 결합할 것인지도 모른다. 이런 모든 가능성을 계산하다 보면 수년이 걸려도 신약 물질을 찾지 못하는 경우가 있는데, 인공지능의 계산능력이 그 기간을 단축할 수 있다.

예를 들어 설명해보자. 우리 몸의 염기서열 가운데 기본이 되는 DNA는 신이 인간에게 주신 설계 도면이다. DNA를 도장처럼 찍어낸(이를 전사 transcript라고 한다) 신호가 RNA이며 우리가 섭취한 단백질이 분해된 아미노산이 그 정보대로 결합해(이를 번역 translation이라고 한다) 체내 단백질이 형성된다. 우리 몸의 근육, 피부, 혈액, 신진대사 효소, 호르몬 등이 다 단백질이다. 암세포도 원치 않는 단백질이다. 인류는 RNA 정보에 따라 어떤 단백질이 만들어지는 알았다. 그러나 그 과정에서 단백질이 어떻게 접히는지(단백질이 특정 기능을 수행하기 위해 1차원 염기서열에서 3차원 입체 구조를 형성하는 것을 '접힌다'라고 한다)에 따라 기능이 달라진다는 것이 난제였다.

대표적인 예로 베타 아밀로이드$^{\beta\text{-amyloid}}$는 치매를 유발할 수 있는 물질이다. 치매환자의 뇌를 열어보면 베타 아밀로이드가 많이 발견된다. 그런데 정상인의 뇌에도 베타 아밀로이드가 있다. 즉 베타 아밀로이드가 만들어지는 과정에서 어떻게 접히는지에 따라 독성이 나타나 치매로 이어질 수도 있고, 그렇지 않을 수도 있는 것이다. 구글 자회사인 딥마인드는 인공지능 딥러닝(어텐션 기법)을 적용해 이에 대한 해석에 성공했고, 그 일에 사용한 프로그램의 이름이 알파폴드다. 알파폴드 덕분에 단순한 단백질의 구조뿐 아니라 변이도 확인할 수 있게 되었다. 이는 신약 후보 물질 개발에 있어 큰 혁명이다(알파폴드는 아직 노벨상을 받지 않았으나 노벨상에 충분할 만큼의 공로다).

신약 개발의 전체 비용 가운데 70~80%가 임상에서 소요된다. 임상을 거쳐 식약처FDA로부터 승인을 받을 확률은 10~15% 정도에 불과한데, 인공지능이 성공 확률을 높여준다면 신약 가격을 파격적으로 낮출 수 있다.

임상 비용의 큰 부분이 환자 모집 과정에서 발생한다. 그런데 인공지능은 신약의 성능을 검증하기에 적합한 환자들로만 임상 샘플을 구성하고, 그 규모도 신약 승인을 받기에 최적으로 정하는 것을 도울 수 있다. 환자는 소중한 시간을 낭비하고 제약사는 돈을 허비하는 오류를 인공지능이 방지하는 셈이다. 특히 실제 환자들에게 투약하기 전에 환자들의 정보를 입력한 가상의 디지털 환자를 만들고 시뮬레이션해서 사전 성과를 얻어 시행착오를 피할 수도 있다^{in silico trial}. 그렇게 임상 과정이 최적화되고, 승인 확률이 높아질수록 개발비용은 줄어들어 신약 가격이 낮아질 것이다.

이런 인공지능 활용 기법은 널리 알려져 있다. 그렇다면 인공지능을 똑똑하게 만들 수 있는 데이터를 많이 갖고 있는 업체가 유리할 것이다. 아이큐비아 홀딩스IQVIA HOLDINGS는 IMS 헬스IMS HEALTH와 퀸타일즈QUINTILES가 2016년에 합병하며 탄생했다. IMS 헬스는 1954년에 설립되어 의료데이터 분석 서비스를 해왔고, 퀸타일즈는 1982년에 설립되어 임상 구조가 성공적일 수 있도록 설계해주던 업체다. 즉 오랜 기간 컨설팅을 해오던 의학 및 생명과학 도메인 데이터들이 쌓여 있기에 그것을 인공지능에 적용하면 효과가 극대화될 수 있다. 물론 아이큐비아 홀딩스가 보유한 데이터의 소유권은 고객들에게 있지만 그것들을 새로운 지적재산권을 만들어가는 데 참고할 수 있을 것이다.

유전자 편집과 인공지능

유전자 편집은 신약 개발에 결정적인 수단을 제공할 수 있다. 일반적인 치료제는 재발의 여지를 남기지만 유전자 편집은 문제가 되는 세포의 발생을 원천적으로 차단하기 때문이다. 예를 들어 암세포는 원치 않는 단백질인데, DNA를 편집하여 RNA 정보를 바꿔놓으면 암세포 같은 단백질의 형성을 근본적으로 막을 수 있다. 그런데 유전자 편집을 할 때 실수가 있으면 돌이킬 수 없는 부작용이 생긴다. 인공지능이 개입해 실수를 막아준다면 이 기술을 좀 더 편하게 사용할 수 있을 것이다.

시장은 부담스러운 유전자 편집 이전에 RNA 치료제 개발에 먼저 눈을 돌렸다. DNA는 건드리지 않고 RNA를 직접 조작해, 암세포처럼 원치 않는 단백질의 발현은 siRNA, 마이크로 RNA를 통해 억제하고, 나이가 들어 분비가 부족한 호르몬 등 원하는 단백질은 mRNA를 통해 더 만들어내는 것이다. 대표적인 업체는 앨라일람 파마슈티컬스ALNYLAM PHARMACEUTICALS다. RNA는 체내로 들어가면 쉽게 부서지는데 앨라일람 파마슈티컬스는 RNA를 깨뜨리지 않고 환부에 잘 도달시키는 역량을 갖고 있다.

RNA 치료제는 효과가 금방 나타나며, 단기간 내 사라진다. RNA를 직접, 그리고 잠깐 건드리기 때문이다. 반면 유전자 편집을 통해 DNA를 조작하여 RNA를 바꾸려면 핵반응을 거쳐야 하므로 효과가 나타나는 데 시간이 걸리며, 그 효과는 영원히 지속된다.

유전자 편집의 도구를 보면 첫째, DNA를 자를 수 있는 가위가 필요하다. 이것은 세균의 효소에서 가져왔다. 세균은 자신이 바이러스에 감염되면 이를 무력화하고자 효소를 이용해 침투한 바이러스의 DNA를 자르는데 그 기능을 이용한 것이다(인간의 효소는 신진대사를 돕는 촉매 단백질인데 그것도 DNA를 자르는 기능이 있다. 주로 DNA의 수리, 사멸 등에 관여하지만 특정 염기서열을 정밀하게 인식해서 자르는 기능은 없다).

둘째, 가위를 환부로 전달하는 역할을 하는 gRNA^{guide RNA}라는 것이다. 이 부분이 어렵다. gRNA는 자세한 주소는 잘 찾는데 큰 주소에 약하다. 예를 들어 간에 있는 암세포를 제거하는 경우 gRNA가 간을 잘 못 찾는다. 그래서 특정 단백질의 수용체에 잘 달라붙는 리간드^{ligand}라는 물질을 붙여 간까지 가위를 안내한다. 간에 도착하면 가위는 자신이 자를 수 있는 세포를 모두 찾아낸다. gRNA는 그 가운데 자를 것을 설계 도면대로 안내한다. 이런 과정을 더 효과적으로 수행하기 위해 인공지능의 도움을 받는다. 예를 들어 리간드를 목표 조직의 수용체에 더 잘 달라붙는 구조로, 그리고 gRNA를 편집하고자 하는 세포의 좌표에 더 잘 붙는(또는 목표가 아닌 곳에 달라붙지 않는) 구조로 설계할 때 인공지능이 패턴을 제공한다.

인공지능을 적용하더라도 유전자 편집 자체에 대한 이해가 풍부해야 인공지능과의 시너지를 극대화할 수 있다. 2020년, 유전자 편집을 개발한 공로로 2명의 여성 과학자가 노벨화학상을 받았다. 버클리대학교의 다우드나^{Jennifer A. Doudna} 교수와 독일 막스프랑크 연구소의 샤르팡티에^{Emmanuelle Charpentier} 소장이다. 그 가운데 샤르팡티에는 2013년에 크리스퍼 테라퓨틱스^{CRISPR THERAPEUTICS}를 공동 창업했다.

유전자 편집은 사람 몸속에 가위를 직접 넣어 편집하는 인비보^{In-vivo}(생체 내)와 환자 몸 밖에서 편집하고 그 가운데 성공적인 것만 몸 안에 주입하는 엑스비보^{Ex-vivo}(생체 외)로 나뉜다. 인비보는 한번의 실수로 큰 부작용을 영원히 초래할 위험이 있다. 특히 가위가 세균의 것이므로 사람의 면역체계에 체포되어 환부로 전달되기 어렵다.

반면 엑스비보는 몸 밖에서 이루어지므로 안전하고, 성공적인 것만 투입하므로 성과도 좋다. 편집이 끝난 결과물만 체내에 들어가니 가위를 집어넣을 필요도 없어 전달이 편하다. 물론 환자의 줄기세포 등 조직을 몸 밖에서 편집하므로 비용과 시간이 더 소요되고, 인비보보다 복잡한 구조이므로 비싸다. 그러나 안전하고 효과적이다. 샤르팡티에의 크리스퍼 테라퓨틱스는 엑스비보를 선택했고, 미국 식약처로부터 유전자 편집 치료제로는 최초로 신약 승인을 받았다.

기업 소개 인공지능을 적용한 신약 개발

분야	기업명	사업 내용	시가총액 (단위: 조)	PER (배)
임상 설계	아이큐비아 홀딩스 (NYSE: IQV)	- 임상 데이터 분석 및 임상 설계 전문 기업 - 누적된 바이오 임상 데이터에 인공지능 기술 접목	53.1	30.1
RNA 치료제	앨라일람 파마슈티컬스 (NASDAQ: ALNY)	- RNA를 환부에 (파괴되지 않은채) 전달하는 능력 - 원치 않는 단백질의 생성(질환)을 빠르게 중단	83.8	-
유전자 편집	크리스퍼 테라퓨틱스 (NASDAQ: CRSP)	- 유전자 편집으로 2020년 노벨화학상 수상한 '샤르팡티에'가 공동 창업 - 미국 식약처로부터 유전자 편집 치료제 최초로 신약 승인	8.1	-
미생물 신약	에이치이엠파마 (KOSDAQ: 376270)	- 환자 맞춤형 장내 미생물 최적 환경 조성 능력 - 세계 최고 수준의 솔루션 및 데이터 보유	0.2	-

주) 시가총액, PER은 2025.10.25 기준

인공지능이 가장 효과적으로 일할 수 있는 분야는 미생물

인공지능이 학습을 하려면 많은 데이터가 필요하고, 그 데이터들이 특이적인 상황을 설명해야 한다. 미생물은 그렇게 다양한 학습 데이터를 보유하고 있다. 특히 미생물을 통해 질병이 발생하기 전에 진단할 수도 있다. 발병 2~3년 전부터 벌써 미생물에는 변화가 있기 때문이다. 이를 인공지능을 통해 찾아낼 수 있다.

또한 지금까지 사용해왔던 합성 화학물질은 독성이 너무 강한 반면 미생물은 독성이 없어 인체에 적용하기 편하다. 문제는 약효가 미미하고, 작동 원리가 불분명해서 미국 식약처에서 신약으로 허가하지 않았다는 것이다. 사람마다 장내 미생물의 최적 환경이 다른데 그 패턴을 모르기 때문이다. 만일 인공지능이 미생물의 복잡한 데이터 안에 있는 패턴을 찾아줘서 사람마다 장내 최적의 환경을 맞춰줄 수 있다면 뚜렷한 효능을 기대할 수 있다. 이제는 미국의 식약처에서도 미생물 신약을 승인하기 시작했다.

예를 들어 갱년기로 접어든 여성의 경우 호르몬(에스트로젠) 감소로 인해 불면 등 부작용이 심각하다. 콩에 함유된 이소플라본을 섭취하면 장내 미생물이 이를 대사하는 과정에서 에쿠올^{equol}이라는 물질을 만드는데 이것이 여성호르몬의 기능을 보완한다. 만일 에쿠올을 만들지 못할 경우 갱년기 부작용이 심각해지는데 미생물들의 대사 과정에서 어디에 문제가 생겼는지 찾는 데 인공지능이 도움을 줄 수 있다. 또한 암환자가 방사선 치료를 받거나 면역항암제를 쓰면 장내 미생물이 대부분 파괴되어 하루에도 화장실을 수십 번씩 가야 한다. 생활이 불가능하다. 외출 시 화장실 위치부터 확인해야 할 정도다. 인공지능을 통해 환자의 장내 미생물 최적 환경을 확인할 수 있다면 단기간 내 장내 환경을 복원할 수 있다.

미생물이 상품으로서 갖는 매력은 지속적으로 복용해야 건강을 유지할 수 있다는 점이다. 신약은 짧은 기간 복용한 뒤에 성공, 실패의 결과가 나타나지만 장내 미생물은 질병이 나타나기 전에 예방 차원에서 꾸준히 복용해야 한다. 그 결과 매출을 지속적으로 이어갈 수 있다.

글로벌 No.1으로 성장하는 한국 미생물 신약 기업, 에이치이엠파마

나는 2015년에 한동대학교 교수로 부임했고, 2017년에 에이치이엠파마HEM Pharma를 설립했다. 당시 학교에는 선교를 위해 한국에 온 빌헬름 홀츠아펠Wilhelm Holzapfel이라는 독일인 교수님이 계셨는데, 미생물계의 살아 있는 전설인 분이시다. 그는 걸출한 제자 지요셉 박사를 키웠는데, 지요셉 박사는 세계적인 학회에서 5년 연속 젊은 과학자상을 수상했다. 이 두 분을 모시고 에이치이엠파마를 설립했다. 환자 맞춤형 장내 미생물 솔루션과 그 데이터 보유량에 있어 에이치이엠파마를 따라올 기업은 세계적으로 흔치 않을 것이다. 나는 미생물 신약 시대를 예견했고, 세계 최고의 미생물 신약 기업을 만들기 위해 에이치이엠파마를 창업했다. 그리고 순조롭게 가고 있다. 미국 식약처에서 처음으로 임상 1상을 면제해준 기업이 에이치이엠파마다.

헬스케어 분야에서의 인공지능

체질에 따라 인공지능이 맞춤형 진단법, 치료법, 치료제들을 추천해주면 환자에게 큰 도움이 될 수 있다. 그러나 의사들이 싫어할 것이다. 예를 들어 인공지능을 활용해 암을 조기 진단하는 솔루션이 환자의 암을 경고했는데 의사는 암 조직을 찾지 못해 인공지능의 오류로 돌렸다고 해보자. 그런데 나중에 암세포가 발견된다면 의사는 난처해진다. 인공지능이 자신을 위협한다고 간주할 수 있다. 의사들이 거부하는 치료법은 병원에 보급되기 어려우므로, 의사들이 이미 사용하고 있는 플랫폼에 인공지능을 접목하여 그것을 더 편하게 쓰게 하는 것이 현실적인 접근이다.

독시미티Doximity는 미국 의사들의 80%가 가입한 네트워크로, 의사들끼리 소통하며 필요한 것을 채우는 플랫폼이다. 의사와 환자 간 비대면 진료 화상통화 기능도 있다. 인공지능이 이곳에 환자의 데이터를 해석, 정리해준다면 서비스가 더 편해질 것이다. 특히 환자의 특이성과 주의할 점을 미리 알려주면 큰 도움이 될 것이다. 2025년 하반기부터 독시미티는 인공지능 기능을 더해나갈 계획이다.

템퍼스 AI TEMPUS AI는 미국 내 종양내과 의사들의 50% 이상이 사용하고 있는 플랫폼이다. 그들이 이 플랫폼에 열광하는 이유는 환자의 종양 정보를 입력하면 인공지능이 환자의 염기서열에 부합하는 진단법, 치료법과 치료제 선택 옵션을 원스톱 서비스로 의사에게 제공해서이다. 구글은 검색한 결과를 보여주는 반면 챗GPT는 정답을 보여주는 것처럼, 템퍼스 AI도 의사에게 정답 옵션을 제시한다. 의사는 선택만 하면 된다. 한 종양 환자를 치료하려면 상당한 준비 기간이 필요한데 그 시간을 단축해 환자의 치료 성공 확률을 높일 수 있다. 심지어 아직 출시되지 않은 치료제라도 효과적일 것으로 판단되면 진행 중인 임상 시험에 참여하라고 권고까지 할 수 있다. 죽을 사람도 살릴 수 있는 것이다. 환자들의 데이터는 템퍼스 AI에 계속 쌓이고 있어 시간이 갈수록 유리해질 것이다. 템퍼스 AI는 처음에는 종양 환자 맞춤형 진단 플랫폼으로 시작했지만 지금은 신경정신계, 심혈관계, 그리고 감염병에 이르기까지 범위를 넓혀가고 있다.

기업 소개 헬스케어 분야의 인공지능 서비스

기업명	사업 내용	시가총액 (단위: 조)	PER (배)
독시미티 (NYSE: DOCS)	- 미국 의사들 80%가 가입된 교류 네트워크 - 환자들과 비대면 화상 진료(원격 진료) 기능 제공 - 2025년 하반기부터 인공지능을 통한 서비스 지원	17.8	57.3
템퍼스 AI (NASDAQ: TEM)	- 미국 종양내과 전문의 50% 이상 가입 - 진단법, 치료법, 치료제 등 원스톱 서비스 - 치료 시작까지의 준비 기간 대폭 축소 - 환자들의 데이터베이스가 쌓일수록 독점적 위치	22.3	-

주) 시가총액, PER은 2025.10.25 기준

TEN BAGGER

___ 제5장 ___

한계를 초월하는 '신의 계산기'
양자컴퓨터

PORTFOLIO

양자컴퓨터,
어떻게 작동하는가

　미국에 속은 중국은 승부의 열쇠가 되는 계산능력을 더 빨리 키우려 한다. 그러나 미국은 중국에 반도체를 허락하지 않는다. 반도체 기본 기술 특허의 상당 부분을 미국이 갖고 있기에 중국은 미국 이외의 글로벌 반도체 기업에도 접근하기가 어렵다. 대표적인 예가 반도체 미세화를 위한 핵심 노광 장비를 생산하는 네덜란드의 ASML인데, 미국은 ASML에게 중국에 장비를 팔지 말라고 요구한다. 노광 장비에도 미국 기술이 포함되어 있기 때문이다. 미국 상무부 산하 산업안보국 BIS의 수출 관리 규정에는 미국산 기술, 소프트웨어, 하드웨어가 일정 비율 이상 포함된 제품은 미국 밖에서 만들어졌더라도 미국의 허가 없이 제삼국으로 수출할 수 없다고 명시되어 있다. De Minimis Threshold

그렇다면 중국은 차세대 계산능력에 더 열중할 수밖에 없다. 그것이 양자컴퓨터다. 중국이 양자컴퓨터에 집중할수록 미국도 더 빨리 뛰어야 한다. 미-중은 지금 양자컴퓨터를 향해 달려가고 있다. 살기 위해 뛰고 있다. 아직 해결 과제가 많지만 두 국가가 '죽기 살기'로 매달리고 있는 바, 양자컴퓨터 투자는 편안해질 수 있다.

양자量子는 '씨앗'이라는 의미로 '더 이상 쪼갤 수 없는 최소 단위'를 말한다. 커다란 물체는 원자로 채워져 있고, 물체 내부의 원자들은 서로 손을 맞잡고 있다. 그래서 그들은 안정된 상태다. 그런데 물체의 표면에 있는 원자들은 맞잡을 수 있는 파트너가 없다. 빈손이다. 그래서 불안하고, 반응하려 한다. 그런데 커다란 물체에서 표면에 있는 원자가 차지하는 비중이 얼마나 될까? 적다. 그래서 커다란 물체가 갖는 본래의 성질에 영향을 주지 못한다.

반면 아주 작은 양자에서는 표면적이 차지하는 비중이 대부분이다. 그래서 양자는 반응성이 강하고, 기존과 전혀 다른 성질을 띠기도 한다. 심지어 입자인 동시에 파동^{wave}의 성격도 갖고 있다. 파동은 다른 입자에 영향을 줄 수 있고, 서로 얽힐 수 있는데, 이 성질을 이용하면 계산을 더 빨리할 수 있다. 하나의 조치로 얽혀 있는 전체에 계산을 전달할 수 있기 때문이다.

양자컴퓨터가 계산을 빨리할 수 있는 이유

첫째, 양자의 중첩^{superposition} 현상 때문이다. 우리들이 쓰고 있는 컴퓨터의 기억소자^{bit}는 0또는 1로 정보를 기억한다. 그런데 양자컴퓨터의 큐비트$^{quantum\ bit}$는 0과 1을 동시에 확률적으로 가질 수 있다. 예를 들어 고양이를 상자 안에 가두고, 방사능 가스를 주입했다. 10초 후 그 고양이는 죽었을까, 살았을까? 그 여부를 확률적으로 표현하는 것과 같다. 그래서 여러 상황을 한번에 계산할 수 있고, 빠른 계산이 가능하다.

둘째, 얽힘^{entanglement}때문이다. 양자는 파동의 성질을 갖고 있어 자기장이나 레이저를 가해 양자 간 얽힘을 만들 수 있다. 즉 서로 영향을 주는 조합이다. 예를 들어 빨강과 파랑으로 얽혀 있는 조합을 생각해보자. 만일 서로 반대의 결과가 나오도록 얽힘을 만들었을 때 처음에 파랑이 나오면 그다음은 보지 않고도 빨강임을 알 수 있다. 즉 계산이 빨라지는 것이다. 서로 같은 결과가 나오도록 얽힘을 만들 수도 있다. 파랑이 나왔다면 그다음은 무조건 파랑이 나오는 식으로 말이다. 부분 얽힘도 만들 수 있다. 예를 들어 70% 얽힘을 만들었을 때 파랑이 나왔다면 그다음에 파랑이 나올 확률은 70%다.

셋째, 간섭^{interference} 때문이다. 파동은 서로에게 영향을 준다. 만일 주기가 같으면 파동이 증폭되어 나타나고, 주기가 다르면 파동이 서로 상쇄되어 소멸한다. 양자컴퓨터에서는 빈번하게 발생하는 사건일수록 주기가 같아져 효과가 증폭되어 나타나며, 그것을 답으로 간주하게 된다. 반면 가끔 발생하는 현상은 주기가 달라져 소멸한다. 마치 인간의 뇌에서 빈번하게 발생하는 사건에 대해서는 시냅스의 연결이 발달하고, 다음에 그런 사건이 반복되었을 때 예민하게 반응하는 것과 비슷하다. 사람의 뇌도 사소한 기억들은 망각해버린다. 모두 처리해야 하는 양을 줄여 계산을 빨리하는 공통점을 갖고 있다.

예를 들어 사람의 얼굴을 인식하는 모델을 인공지능으로 만든다고 해보자. 수많은 사람들의 눈, 코, 입, 귀, 얼굴의 윤곽 등을 GPU를 통해 병렬로 늘어놓고 각 GPU를 연결하여 다양한 사람의 얼굴을 학습시킬 것이다. 그런데 인공지능은 끝까지 계산을 마쳐야 얼굴의 패턴을 알 수 있다. 반면 양자컴퓨터는 계산 도중에 자주 등장하는 얼굴에만 집중한다. 외계인 같은 얼굴은 배제하며 쓸데없는 계산을 하지 않는다. 즉 양자컴퓨터는 인공지능보다 계산의 양을 획기적으로 줄여 속도를 높일 수 있다. 인간의 뇌를 닮은 작동 방식이다.

양자컴퓨터의 작동 원리

지금 많이 연구되고 있는 양자컴퓨터는 크게 두 종류다. 먼저 게이트 기반^{gate-based} 방식이 있다. 이는 전통적인 컴퓨터처럼 AND, OR, NOT 등의 논리연산자를 조합하여 계산해나가는 형태인데 양자의 중첩, 얽힘, 간섭의 성질을 이용해 속도를 높이는 것이다. 게이트 기반 방식은 일반적인 계산이 두루 가능해 범용성이 좋으며, 큐비트를 늘려 계산의 용량을 확대시키는 데 편리하다.

게이트 기반 방식의 컴퓨터를 작동시키기 위해서는 초전도 환경을 조성해야 한다. 초전도란 전자가 아무런 저항 없이 이동할 수 있는 상태다. 그래야 양자의 기능이 정상화되기 때문이다. 먼저 큐비트가 0과 1을 동시에 갖는 중첩 상태를 가질 수 있도록 조지프슨 접합^{Josephson junction}을 만든다. 즉 양쪽에 초전도 금속을 놓고, 중간에 절연체를 놓으면 큐비트는 양쪽에 다른 위상을 가질 수 있는 구조가 된다. 중첩이 가능한 것이다. 단, 양쪽이 얽혀 있어 서로 종속관계를 갖는다(그래서 일일이 계산하지 않아도 된다).

그 후에는 방정식이나 부등식의 변수들을 큐비트로 놓고, +, -, ×, /, >, < 등 계산 부호들을 논리연산자로 표시하여 회로를 만든다. 수식을 묘사하는 것이다. 이제는 각 변수, 즉 큐비트에 자기장 등 파장을 쏘아 큐비트의 위상(데이터)을 계속 바꾸며 방정식이나 부등식을 만족시키는 정답에 근접해간다(양자의 간섭 현상이 정답이 있는 경로로 집중하게끔 한다). 이때 각 큐비트들은 정답을 찾는 데 도움이 되면 서로 얽히며 종속된 관계를 갖는다. 만일 그렇지 않다면 각 큐비트에 자기장을 쏘

며 위상을 바꿔본다.

 인공지능이 수학적으로 설명할 수 없는 비선형의 문제에 데이터의 패턴을 통해 정답의 근사치를 제시하듯, 게이트 기반 양자컴퓨터도 정답에 근접해가는 방식이므로 가장 확률이 높은 근사해를 빠르게 제시할 수 있다.

 두 번째 방식은 최적해를 찾는 데 특화된 퀀텀 어닐링$^{\text{quantum annealing}}$이다. 예를 들어 '지금 교통 상황을 감안할 때 서울에서 부산으로 가는 가장 빠른 경로는 무엇인가?'라는 문제를 해결해보자. 단, 반드시 대전을 거쳐야 하며, 어떤 구간들에서는 시속 80km를 넘지 못한다는 등의 제약조건이 있다. 이 방식에서도 양쪽에 초전도체를 놓고 중간에 절연체를 놓는 조지프슨 접합을 이용한다. 게이트 기반 방식에서는 조지프슨 접합을 양자의 중첩, 얽힘을 유도하기 위한 장치로 사용했다면, 이 방식에서는 제약조건을 만족하는 정답을 찾는 데 직접적으로 사용한다.

 양자(입자)는 조지프슨 접합 가운데에 있는 절연체를 뛰어넘을 수 있는 에너지가 없다. 그런데 양자가 파동의 성격도 갖고 있기에 자기장을 주면 반대편과 얽혀 절연체를 통과하는 경우가 생기고, 이를 퀀텀 터널링$^{\text{quantum tunnelling}}$이라고 한다. 이때 양자의 위상(데이터)이 바뀌는데 이것이 제약조건 하나를 만족하는 답이다. 만일 퀀텀 터널링을 여러 번 하면 여러 제약조건을 만족하는 최적해가 구해진다. 이를 '퀀텀 어닐링'이라고 한다.

최적해를 구하는 퀀텀 어닐링은 특화된 문제를 해결하는 데 국한되어 있으므로 회로의 구조가 단순하다. 그래서 오류도 상대적으로 적고, 상용화도 빠를 수 있다. 단 적용 분야는 그만큼 제한되어 수요 기반은 상대적으로 작다.

지금 시장은 어떤 구조에 관심이 더 많을까?

회로가 복잡하여 오류도 많고 상용화가 쉽지 않지만 거대한 계산을 해낼 수 있는 범용성 게이트 기반 방식일까? 아니면 구조가 단순하여 상용화까지 멀지 않은 최적해 탐색 방식일까? 어차피 양자컴퓨터가 경쟁에서 이길 수 있는 게임체인저라면, 인간은 게이트 기반 방식에 더 욕심을 낼 것으로 보인다.

상용화를 막는
몇 가지 문턱들

초전도 현상을 만들기 위한 비용 부담, 그리고 오류

게이트 기반 및 최적화 탐색용 양자컴퓨터 모두 초전도 환경에서 작동한다. 즉 저항이 없어야 한다. 온도가 높으면 분자의 활동이 많아지고 서로 충돌하며 저항이 커진다. 저온으로 갈수록 분자의 활동이 줄고 주위가 고요해져 양자가 지장 없이 본연의 활동을 한다.

그런데 완전히 저항을 없애려면 기온을 영하 273도(절대온도 0)까지 낮춰야 한다. 문제는 비용이다. 기체를 압축하면 온도가 올라가는데, 이때 열교환기를 통해 내부의 열을 밖으로 빼낸다. 그 후 압축된 공기를 가둔 상태에서 갑자기 팽창시키면 기온이 급강하한다. 이를 단열팽창이라고 한다. 그런데 이 작업에 소요되는 비용이 크다. 특히 영하 273도까지 기온을 내린 뒤에도 그 상태를 유지하는 데 돈이 많이 든다. 만일 온도가 올라가 저항이 커지거나, 주위의 소음이나 진동이 가해져 쿠퍼 페어가 깨지면 양자컴퓨터는 오류를 만든다. 이것이 가장 큰 문제다.

| 용어 설명 |

쿠퍼 페어 Couper Pair
전자는 음이온이므로 서로 붙으면 밀어낸다. 그러나 기온이 영하 273도 근방으로 내려가면 양자의 격자진동이 줄어드는 가운데 전자의 미세한 파동으로도 양전하의 분포에 변형이 생겨 양전하 밀집 지역이 생기고, 그곳으로 주위의 전자가 몰려들어 전자와 전자가 붙는 pair 현상이 발생하는데 이를 '쿠퍼 페어'라고 한다. 이러한 전자쌍의 각 전자는 페르미온 fermion 이므로 반대의 회전 spin 방향을 갖고 있다. 양자는 기본적으로 격자진동을 하는데 이것조차 저항을 높일 수 있지만 쿠퍼 페어의 전자들은 회전 방향이 반대이므로 한쪽이 받는 힘이 다른 쪽에 의해 상쇄되어 저항이 소멸되고 초전도 현상이 유지될 수 있다. 그래서 초전도체 여부를 쿠퍼 페어로 확인한다.

마이스너 현상 Meissner effect
외부의 자기장이 유입되어 내부에 자기장이 생기면 쿠퍼 페어를 훼손할 수도 있다. 물론 쿠퍼 페어는 스핀이 반대 방향이라서 자기장을 견딜 수 있는 힘이 있지만 자기장이 강할 때에는 쿠퍼 페어가 깨지며 초전도 현상이 무너질 수 있다. 그래서 내부 자기장을 제거해야 한다. 그 방법은 외부 자기장과 반대 방향의 자기장을 만들어 상쇄하는 것이다. 그 반대 방향의 자기장을 만들기 위해 전류를 흘리는데, 그 과정에서 힘이 발생한다. 이를 '마이스너 현상'이라고 한다. 이때 발생하는 힘이 중력보다 크면 물체를 공중에 들어 올리는 '자기부상'이 된다. 그래서 초전도체 여부를 판단하기 위해 마이스너 현상을 보기도 한다.

오류 수정의 혁신

세계 최초로 비행에 성공한 라이트 형제 중 형인 윌버 라이트$^{Wilbur\ Wright}$는 1901년에 "인류가 하늘을 날려면 50년은 있어야 할 것이다"라는 말을 남겼다. 그러나 그들이 비행에 성공한 시기는 1903년이다. 하늘을 날고 싶다는 욕망이 기간을 놀랍도록 단축한 것이다. 양자컴퓨터를 빠르게 개발토록 하는 인센티브는 무엇인가? 살아남는 것이다. 신냉전 시대의 경쟁에서 이기려면 양자컴퓨터를 남들보다 먼저 손에 넣어야 한다.

오류를 줄여 양자컴퓨터를 상용화하려는 다양한 방법이 시도되고 있다. 온도가 좀 올라가거나, 주위에 소음, 진동이 있어도 쿠퍼 페어가 깨지지 않고 초전도 현상이 유지되는 금속 소재를 찾기도 하고, 큐비트의 조지프슨 접합 설계 구조를 바꿔 초전도 현상을 유지하려는 노력을 하기도 한다. 그런데 더 본격적인 시도는 오류가 생겼을 때 이를 보정하는 것이다. 기존에는 큐비트 수를 늘리는 방법을 사용했다. 예를 들어 0과 1을 세 자리로 표현하고, 다수결로 결정하는 방법이다. 1이 정답인데 101이 나오면 다수결에 의해 1로 계산된다. 부분 오류가 있지만 극복된다는 논리다. 그러나 기본적인 오류가 많은 상태에서는 다수결로 정한다고 해도 정답을 찾을 확률이 떨어질 것이다. 마치 암환자에게 암세포를 죽이는 면역세포의 수를 늘려주는 것과 비슷하다. 암환자의 면역세포는 이미 약해져 그 기능을 잃었다.

그런데 오류 축소에 획기적인 일들이 벌어지고 있다. 2025년 노벨 물리학상은 양자의 미시적 현상을 거시적 전기회로에서 구현한 3명의 과학자에게 돌아갔다. 양자의 활동을 눈으로 관찰하기 쉬워진 만큼 오류가 생기는 원인을 쉽게 파악할 수 있는 것이다. 인공지능이 양자컴퓨터의 계산 결과를 보며, "얘 정상 아냐!"라고 판단하면 오류 수정 코드를 실시간으로 삽입하여 양자컴퓨터의 계산을 지속시키는 기술도 생겼다. 과거에는 오류가 생길 때마다 사람이 중단시키고 오류 수정 코드를 집어넣는 작업을 반복했지만 이제는 '지속적인 계산'이 가능해졌다.

전보다 오류가 줄어든(양자 붕괴가 감소하는) 덕분에 새로운 오류 진단법도 개발되었다. 양자컴퓨터는 한 방향으로 계산한 값과 거꾸로 계산한 값이 100% 일치해야 한다. 만일 다르다면 온도 상승에 의한 저항 등으로 오류가 발생했음을 의미한다. 과거에는 거꾸로 계산하려면 이미 양자가 붕괴되어 그럴 수 없었는데, 이제는 오류가 줄고 지속적인 계산이 가능해져 '거꾸로 연산'을 통해 좀 더 작은 오류까지 찾아낼 수 있게 되었다. 구글은 '퀀텀 에코스Quantum Echoes'라는 알고리듬으로 이런 되감기를 통해 고전 슈퍼컴퓨터라면 약 3.2년 걸릴 문제를 양자 칩에서 2시간 내에 해결했다고 주장했다.

양자컴퓨터의 계산 정확도는 2개의 큐비트를 연결했을 때를 기준으로 하며 99.9%의 정확도, 즉 오류율 0.1%를 목표로 한다. 엄격해 보이지만 큐비트가 확대될수록 오류가 기하급수적으로 늘어나므로 이 정도는 되어야 한다. 이와 관련해서도 인공지능이 양자컴퓨터를 도울 수 있다. 양자컴퓨터와 인공지능의 계산 방법은 전혀 다르지만 인공지능의 GPU를 활용한 병렬계산 능력이 발전하면 웬만한 계산은 인공지능이 처리하고, 양자컴퓨터는 자신이 잘하는 일에 집중할 수 있게 하는 것이다. 즉 양자컴퓨터의 계산 규모를 줄여 오류를 제한할 수도 있다.

양자컴퓨터와 인공지능은 속도의 차이가 있어 호환이 필요한데 FPGA, ASIC 등 기능성 반도체의 발전 덕분에 둘 사이의 호흡을 맞출 수 있다. 또 양자컴퓨터와 인공지능은 계산 체계가 달라 서로 다른 언어를 사용하는데, 공통언어를 만들어주는 CXL의 발전 덕분에 호환이 더욱 개선되며 양자컴퓨터의 상용화가 빨라지고 있다. FPGA, ASIC은 AMD를 비롯한 기능성 반도체 기업들, CXL은 아스테라 랩스 등이 담당하지만 그 운영체계를 조율하는 양자컴퓨터 기업으로는 마이크로소프트, IBM, 구글 등 빅테크들이 있고, 스타트업으로는 리게티 컴퓨팅^{RIGETTI COMPUTING}이 눈에 띈다.

한편 구글은 2024년 12월 9일 윌로우^{Willow}라는 양자 칩을 발표하며 혁신적인 주장을 했다. 큐비트가 늘어날수록 오류가 줄어든다는 것이다. 이는 양자컴퓨터의 규모가 커질수록 오류가 기하급수적으로 늘어난다는 기존의 상식을 뒤집는 것으로, 얽혀 있는 큐비트가 많아질수록 주변 큐비트의 계산 정확도를 감시할 수 있는 큐비트도 많아진다는 논리였다. 비유하자면 우리가 수학 공식을 많이 알수록 그 가운데 하나를 잊어버려도 나머지 공식을 응용하여 답을 유추해낼 수 있는 것과 비슷하다. 단, 그러려면 알고 있는 공식이 많아야 할 것이다. 즉 오류를 검증해줄 수 있는 정확한 계산을 하는 큐비트들이 압도적으로 많아야 한다.

만일 윌로우가 상용화된다면 엄청난 결과를 불러올 수 있다. 즉 양자컴퓨터의 계산능력을 얼마든지 키울 수 있고, 그럴수록 오류가 줄어 대량의 계산을 빠르고, 정확하게 해낼 수 있게 된다. 이 능력은 패권과 직결된다. 구글은 윌로우 칩이 완성되면 기존 슈퍼컴퓨터가 1,025년 걸려서 할 계산을 5분 이내에 할 수 있다고 주장했다.

새롭게 갖는 희망, 양자 네트워크

구글의 윌로우 외에도 양자 네트워크라는 기술이 새로운 희망을 제시하고 있다. 계산 규모를 줄여 저렴하고, 오류가 적은 양자컴퓨터를 곳곳에 비치한 후 광자(빛)를 통해 연결하면 거대한 계산을 할 수 있는 구조가 된다. 간단한 예로, 한쪽 양자컴퓨터의 빛(편광) 파장을 세로로 만들고, 반대의 얽힘을 만들면 상대방 양자컴퓨터의 빛 파장은 가로로 결정되는 구조다. 광자 얽힘을 통한 네트워크는 도중에 광자가 소실된다거나 얽힘이 풀려버리는 등 아직 해결할 과제가 많지만 네트워크를 통한 무한한 계산능력의 가능성을 열어준다. 이 분야는 아이온큐(IONQ)가 선도적으로 연구 중이다.

초전도 현상을 만들고자 극저온(영하 273도)을 유지하는 데 비용 부담이 상당하고 그런 환경 조성에 실패하면 오류도 많다고 했는데, 온도가 좀 높아도 초전도 현상이 가능한 소재도 개발되고 있다. 최근에는 영하 196도에서 초전도 현상을 보이는 소재가 소개된 바 있다. 특히 수소 경제가 도래하면 수소를 액화시키기 위해 영하 253도까지 떨어뜨려야 하므로 냉각을 위한 단열 팽창 기술이 더 발전할 것이고, 이는 양자컴퓨터 산업에도 도움이 될 것이다.

양자컴퓨터의 용도는 아직 제한적이다. 그러나 인공지능과의 호환이 개선될수록 우리 생활에 넓게 적용되고, 상업적 가치도 더욱 커질 것이다.

양자컴퓨터 시대의 분야별 강자

게이트 기반의 대표 주자―리게티 컴퓨팅

게이트 기반 양자컴퓨터의 전통적 강자는 구글과 IBM이다. 이들의 계산 정확도는 2큐비트 기준 99.6~99.8% 수준까지 올라왔다. 양자컴퓨터가 실용성을 가지려면 계산 정확도가 99.9% 이상이 되어야 한다. 미세한 차이로 보이지만 계산 규모가 2큐비트에서 증가할수록 오류는 기하급수적으로 늘어난다. 양자 칩에서 큐비트가 늘어날수록 인접한 큐비트에 제어신호가 번지고, 배선이 복잡해져 신호 전송 지연 및 잡음이 발생하고, 전체 양자 칩의 불균일성(냉각 효율 및 제조공정상의 불균일)으로 인한 성능 저하가 생기는 등의 이유 때문이다.

그런데 리게티 컴퓨팅은 작은 모듈로 양자 칩을 구성하고 그것을 연결하는 방법을 사용하여 그 한계를 극복하고 있다. 앞서 양자 네트워크를 설명하며 작은 단위로 양자컴퓨터를 구성해 오류를 줄이고 서로를 연결하여 계산능력을 확장한다고 했는데, 리게티 컴퓨팅은 그 논리를 자체 컴퓨터에 적용한 것이다. 이런 역량은 양자컴퓨터의 소프트웨어뿐 아니라 하드웨어에 대해서도 이해력이 높은 데서 비롯됐고, 그래서 양자컴퓨터와 인공지능 간 호환도 우수하다. 즉 모듈화를 통한 계산능력 확대, 그리고 인공지능 호환을 통한 상용화 능력이 리게티의 성장 잠재력을 시사한다.

리게티 컴퓨팅의 현재 계산 정확도는 99.5% 정도다. 그러나 개선 속도는 가장 빨라 구글, IBM 같은 거대 기업과 필적할 수준으로 올라왔다. 리게티 컴퓨팅은 양자 칩 소프트웨어뿐 아니라 큐비트 설계, 전자제어 장치 같은 하드웨어 그리고 기존 컴퓨터에서 양자 서비스를 이용할 수 있게 하는 클라우드 기능까지 모두 커버한다. 대부분의 경쟁업체가 소프트웨어에 집중하는 반면 리게티 컴퓨팅은 하드웨어까지 섭렵하고 있고, 생산설비까지 보유하여 오류 개선 속도가 가장 빠르다.

리게티 컴퓨팅의 창업자 채드 리게티[Chad Rigetti]는 예일대학교에서 박사학위를 받고, IBM 리서치에서 근무하다가 2013년에 창업했다. 미국 국방고등연구계획국은 소프트웨어, 하드웨어, 그리고 생산시설까지 보유한 리게티 컴퓨팅이 상업화에 가장 먼저 도달할 것으로 판단하고 리게티 컴퓨팅과 공동 프로젝트를 수행하고 있다. 그 이외에도 미국 에너지부^{DOE}, 아마존(AWS), 마이크로소프트 애저^{Azure}, 키사이트 테크$^{KEYSIGHT\ TECHNOLOGIES}$, 팔란티어, 암페어컴퓨팅$^{AMPERE\ COMPUTING}$, 스탠다드 차타드$^{STANDARD\ CHARTERED}$ 은행 등과 공동연구를 진행하고 있다.

양자컴퓨터는 국방 분야의 승부를 결정지을 수 있으므로 현재 미국 국방부가 투자의 큰 부분을 차지한다. 미국 국방부의 가장 긴밀한 파트너가 리게티 컴퓨팅이며, 이미 미국 국방 전략의 많은 부분이 리게티에 노출되었으므로 다른 쪽으로 투자를 돌릴 필요도 없고, 그럴 수도 없어 보인다. 최근에도 미국 공군과 우주 관련 과학기술을 연구하는 미국 공군연구소^{AFRL}가 양자컴퓨터 전 분야를 잘 아는 리게티 컴퓨팅, 광자 전송을 연구하는 네덜란드 스타트업 큐폭스^{QPHOX}와 양자 네트워크 구성을 위한 용역계약을 체결했다. 미국 국방부가 작은 업체들을 이용하는 배경에는 국방 보안이라는 이유도 있을 것이다.

최적해를 찾는 퀀텀 어닐링―디웨이브 퀀텀

나는 대학에서 생산관리를 전공했는데, 주로 제한된 자원의 배분 최적화를 공부했다. 앞의 서울과 부산 간 최적경로 탐색의 예처럼 여러 제약조건을 만족시키며 목적함수를 극대화하는 것이다. 이런 문제들을 양자컴퓨터를 활용해 해결한 것이 퀀텀 어닐링이다. 물론 이 분야도 구글, IBM, 마이크로소프트 등이 참여하고 있지만 순수한 퀀텀 어닐링 업체는 디웨이브 퀀텀^{D-WAVE QUANTUM}이다. 이 회사의 계산 정확도는 아직 구글, IBM에 미치지 못하지만 퀀텀 어닐링의 목적은 유일한 정답을 찾기보다 만족스러운 답을 찾는 것이므로 계산 정확도가 다소 낮아도 의미가 있다. 퀀텀 어닐링에서 디웨이브 퀀텀의 계산 정확도는 95~99%인 것으로 알려져 있다.

퀀텀 어닐링에서 주목할 부분은 조기 상용화 가능성이다. 계산 정확도가 조금 떨어져도 충분히 만족스럽다면 현실에서 쓸 수 있다. 또한 기존 컴퓨터와 호환이 가능하도록 설계되었다. 즉 전체적인 계산은 인공지능을 적용한 기존 컴퓨터가 수행하되 최적해가 필요한 계산만 퀀텀 어닐링이 맡아 답을 시스템에 제공하는 방식으로 이용 가능하다. 게이트 기반 양자컴퓨터는 전체 계산을 양자컴퓨터가 주도하는데 퀀텀 어닐링은 부분적 기능만 소화하게 설계되어 있어 먼저 상용화될 것으로 기대된다. 물론 그만큼 적용 분야는 제한적일 것이다.

디웨이브 퀀텀은 1999년에 조디 로즈^{Geordie Rose}가 창업했다. 캐나다의 브리티시컬럼비아대학에서 물리학을 전공했던 그는 퇴사 후 휴머노이드 로봇 업체 생추어리 AI^{SANCTUARY AI}를 설립했다. 휴머노이드 개발 역시 양자역학과 밀접한 관련이 있음을 보여주는 대목이다.

디웨이브 퀀텀은 그동안 현실 세계에 적용 가능한 모델을 개발해온 것이 강점이다. 예를 들면 독일 폭스바겐 자동차와 교통 흐름 최적화, 일본 토요타 그룹의 덴소DENSO와 물류경로 최적화, 미국 에너지부와 스마트 그리드 최적화, 금융기관들과 포트폴리오 최적화, 최적의 신소재 탐색 시뮬레이션, 배터리 전극 설계 최적화 등 우리 일상생활에 양자컴퓨터를 적용할 수 있는 다양한 경험을 축적했다.

초전도체를 쓰지 않는 이온트랩 방식—아이온큐

초전도 현상을 유지하는 데는 비용이 들고 어렵기에 오류가 생긴다. 그래서 초전도체를 쓰지 않아도 되는 양자컴퓨터 설계에 관심이 커지고 있다. 아이온큐는 듀크대학교 교수 2명이 2016년에 창업했는데, 그중 1명이 한국계인 김정상 박사다. 그들은 칼슘 이온 등을 진공에서 전기장으로 고정시킨 다음 레이저로 이온의 위상을 바꿔가며 계산하는 방식을 쓴다. '이온트랩'이란 용어를 사용하는 것도 이 때문이다. 이 방식에서 이온은 큐비트 역할을 한다.

아이온큐의 계산 정확도는 2큐비트 기준 99.9%를 넘었다. 즉 상용화될 수 있는 단계이며, 아마존 AWS, 마이크로소프트 애저, 구글 클라우드를 통해 양자컴퓨터 서비스를 제공하고 있다. 이렇게 계산 정확도가 높을 수 있는 이유는 첫째, 이온은 균일하다. 일반적인 큐비트가 서로 이질적이어서 생기는 문제들을 제거할 수 있다. 둘째, 이온이 진공상태에 떠서 고정되어, 외부 간섭을 받지 않아 양자상태를 오래도록 유지할 수 있다. 셋째, 레이저는 자기장과 같은 마이크로파보다 수천 배, 수만 배 더 정밀하게 제어할 수 있을 만큼 미세하다. 레이저 사용이 이온트랩 방식의 핵심인데, 정확한 만큼 시장에 일찍 나올 수 있었다.

결국 이온트랩 방식은 초전도 현상을 만들 필요가 없어 경제적 부담이 적고, 오류를 덜 내는 구조라 설계하기 편하다. 그런데 왜 아직 수요가 폭발하지 않을까? 아이온큐는 게이트 기반의 양자컴퓨터를 지향하는데, 게이트 기반의 매력은 계산 규모를 쉽게 확대할 수 있다는 것이다. 그런데 이온트랩 방식은 제한된 공간에 적은 수의 이온을 고정해 계산하면 정확도가 높지만, 그 이온 수가 늘어날수록 이온 간 간섭이 일어나며 오류가 증가한다. 앞서 언급했던 99.9%의 정확도는 단위 큐비트(작은 규모)에서의 수치이며, 대형화될수록 오류율은 급상승한다. 그것이 싫어 별도의 공간을 만들면 비용이 기하급수적으로 늘어난다.

앞서 아이온큐가 광자를 활용한 양자 네트워크 연구에 선도적인 역할을 한다고 설명했는데, 그 이유도 이온트랩 방식으로는 계산 규모를 키우는 데 한계가 있기 때문이다.

다만 이온트랩 방식을 이용해 계산 규모를 확대하고자 여러 가지 시도를 하고 있다. 예를 들어 덴마크의 초정밀 레이저 광섬유, 광원 개발 회사인 NKT 포토닉스$^{\text{NKT PHOTONICS}}$와 제휴하여 칼슘 이온 대신 바륨 이온 채택을 시도하고 있다. 바륨은 눈에 보이는 파장(가시광선)을 쓰기 때문에 레이저를 사용하되 별도의 자외선 광학 장비가 필요치 않고, 빛 흡수 효율이 높아 레이저로 이온의 진동을 빠르게 멈출 수 있어 정밀한 제어가 가능하며, 양자상태로 더 오랜 기간 지속되어 오류가 적다. 그 결과 계산 규모를 키워도 비용과 오류를 줄일 가능성이 생긴다.

콜드 아톰$^{\text{cold atom}}$ 방식

이온트랩 방식과 비슷하게 원자를 진공상태에서 고정시키고 레이저로 제어한다. 그 결과 작은 규모에서는 큐비트가 안정적으로 유지된다. 그러나 규모가 커질수록 레이저 기반 제어 장비가 복잡해진다. 이온트랩 방식은 큐비트가 많아질수록 전하 간 쿨롱 상호작용이 강해 제어가 불안정해져 확장이 어렵다. 반면 콜드 아톰 방식은 전하 간 간섭이 없어서 이론상 확장이 가능하지만, 큐비트 수가 늘어날수록 레이저 광학 시스템의 복잡성이 기하급수적으로 커져 계산속도가 느려진다. 계산이 느리다는 것은 분명한 약점이다.

도래할 시대의 또 다른 기술, 양자통신과 양자센서

2020년대 양자역학의 발전

2019년, 이차전지를 개발한 3명의 과학자가 노벨화학상을 받았다. 이차전지가 인류의 삶에 큰 공헌을 하게 되었다는 의미다. 2022년 노벨물리학상은 2명의 과학자에게 돌아갔다. 그들은 두 입자가 멀리 떨어져 있어도 서로 강하게 얽혀 있다는 것을 실험적으로 보여주었다. 즉 양자 얽힘은 실제로 존재하며, 계산 및 통신 자원으로 사용할 수 있음을 증명한 셈이다. 2023년 노벨물리학상 수상자의 업적도 양자와 관련된 것이다. 수상자는 지극히 짧은 파장을 만들어 전자궤도 내에서 일어나는 양자 현상을 실시간으로 살펴볼 수 있게 했다. 양자의 상태변화를 시간에 따라 관찰할 수 있는 실험 도구를 만든 것이다.

2025년 노벨물리학상은 미세한 세계의 양자역학을 눈으로 볼 수 있을 만큼 큰 장치에서 구현한 3명의 과학자에게 돌아갔다. 양자역학의 현실 세계 적용이 급물살을 탈 수 있게 한 공로다. 이렇듯 2020년 이후 노벨물리학상이 양자역학 분야에서 계속 나온다는 것은 양자역학이 인류의 생활에 기여할 만큼 구체화되고 있음을 의미한다.

양자역학이 이미 적용된 분야가 양자통신과 양자센서다. 양자통신은 정보의 전송매체를 '양자화'하는 것이다. 여기서 '양자화'란 0도 될 수 있고, 1도 될 수 있는 중첩의 상태를 말한다. 만일 도중에 정보가 탈취되는 경우 0 아니면 1이 되어 중첩 상태가 깨진다. 즉 탈취된 정보를 볼 수 없게 되므로 통신 중의 보안에 효과적으로 쓰이고 있다. SK 텔레콤도 양자통신을 부분적으로 적용하고 있다. 양자통신 보안 솔루션을 제공하는 전문 기업으로는 아르킷 퀀텀 ARQIT QUANTUM 이 있다.

양자센서는 미세한 감지를 위해 사용된다. 양자 스핀을 이용하는데, 이는 양자가 갖고 있는 고유의 성질이다. 고유의 방향과 운동량을 갖고 있는 벡터와 유사하다. 그런데 주위의 미세한 자극에도 변화가 생겨 초미세 센서로 이용된다. 예를 들어 휴머노이드는 사람처럼 촉각이 있어야 하는데 이를 양자센서를 통해 구현한다.

광자 기반의 양자 네트워크는 아직 초기

양자통신은 빛 입자(광자)를 멀리 떨어진 곳에 보내는 원리다. 단, 양자통신은 이를 통신용으로 사용하는 반면 광자 기반의 양자컴퓨터는 같은 원리, 즉 멀리 떨어진 컴퓨터에 빛 입자를 보내 얽힘을 만들고, 양자 네트워크를 구축하여 계산하는 방식이다. 네트워크에 있는 컴퓨터를 모두 이용할 수 있으므로 대규모 계산에도 용이할 수 있다. 그리고 한곳이 해킹되어도 다른 곳에 자료가 보전되어 있으므로 보안에도 유리하다.

하지만 광자를 이용하기에 발생되는 약점이 있다. 첫째, 빛 입자로 큐비트를 만드는 데 동질적인 빛을 구현하기가 어렵다. 둘째, 중첩이나 얽힘 등의 회로를 만들려면 빛의 굴절 등을 제어하기 쉬워야 하는데 그렇지 않다. 셋째, 광자가 전송 도중에 소실되어 오류가 발생한다. 따라서 계산 정확도가 낮은 편이고, 하드웨어 개발도 시제품 수준이다. 그리고 게이트 기반보다는 당장은 적용될 수 있는 분야가 제한적이다.

단, 장기적으로 기대를 갖는 이유는 빛 입자를 통해 전 세계 컴퓨터를 연결, 통합하는 플랫폼으로 발전할 수 있기 때문이다. 지금은 컴퓨터 간 인터넷을 통해 데이터를 공유하는 수준이나 미래에는 컴퓨터의 계산능력까지 공유할 수 있다. 즉 각 지역의 컴퓨터가 기능을 분담하고 서로의 결과물을 계산하면 지구 전체의 슈퍼컴퓨터가 될 수 있다. 그 효율성은 대단할 것이다. 양자 네트워크를 위한 소프트웨어를 연구하는 기업으로 퀀텀 컴퓨팅$^{QUAUNTUM\ COMPUTING}$이 있다.

기업 소개 양자컴퓨터 관련 기업들

형태	기업명	특징	시가총액 (단위: 조)
초전도/ 게이트 기반	리게티 컴퓨팅 (NASDAQ: RGTI)	- 모듈화를 통해 오류를 줄이고, 계산 규모를 확대하는 데 강점 - 소프트웨어뿐 아니라 하드웨어 이해력이 높아 인공지능과의 호환 수월. 상용화에 유리 - 미국 국방부 투자 집중	17.2
초전도/ 최적화	디웨이브 퀀텀 (NYSE: QBTS)	- 좁은 범위에 특화되어 있어 계산 정확도 높음. 가까운 장래에 상용화 - 폭스바겐, 덴소 등과 다양한 적용 경험	15.6
이온트랩/ 게이트 기반	아이온큐 (NYSE: IONQ)	- 이온 연결이 안정적이고, 레이저로 인한 섬세한 조작 덕분에 계산 정확도가 높음. 이미 상용화 가능 - 초전도체를 쓰지 않아도 되므로 (소규모에서는) 비용 경쟁력 있음 - 단, 규모가 커지면 이온 간의 간섭으로 오류 급증. 그래서 양자 네트워크에 관심	28.5

주) 시가총액은 2025.10.25 기준

양자컴퓨터는
어떻게 세상을 바꿀까

양자 클라우드 서비스는 좀 비싸다. 그러나 승부를 봐야 하는 분야에서는 사용할 것이다. 우선 신약 후보 물질 개발에서 게임체인저 역할을 할 수 있다. 신약 물질의 성분들은 어떻게 결합하느냐에 따라 독성과 약효가 달라지는데, 그 이상적인 조합을 찾는 작업, 그리고 그 성분들이 서로 붙을 수 있는지의 여부를 확인하는 데 수년이 걸린다. 그러나 양자컴퓨터가 그것을 5분 만에 찾을 수 있다면 제약사는 연간 매출 수조 원의 블록버스터 $^{block\ buster}$를 금세 손에 넣게 되는 것이다.

나노 신소재 개발에도 유용하다. 배터리 소재로부터 다양한 화학 반응을 일으키는 촉매에 이르기까지 나노 소재의 필요성이 두드러지고 있다. 그러나 인류가 나노 물질을 소재로 사용한 지는 20년 남짓이다. 아직도 모르는 것이 너무 많다. 그런데 양자컴퓨터가 시뮬레이션을 통해 그 효능 및 적용 여부를 판별해준다면, 나노 소재를 정확히 이해하지 못해도 현실에서 사용할 수 있을 것이다.

국방에서 적의 정보를 해킹하거나 적의 움직임을 예측하는 능력은 승패를 결정지을 수 있는데 이 모든 것이 계산능력에 달렸으며, 양자컴퓨터는 이 부분에서도 판을 바꿀 수 있다(해당 내용은 6장에서 상세히 다루겠다).

그 외에도 실시간 물류 최적화, 공장에서의 적정 재고 관리, 금융투자 분야에서의 포트폴리오 최적화 등이 있겠지만 이 분야는 인공지능으로 저렴하게 커버할 수 있다. 향후 디지털 시대로 진입하며 데이터 처리량이 많아지면 계산능력이 승부를 결정짓는 사업들이 늘어날 수밖에 없고, 그때 양자컴퓨터는 더욱 빛을 발할 것이다.

양자컴퓨터가
반도체 수요를 위협할까

양자컴퓨터는 반도체를 사용하는 기존 컴퓨터나 인공지능과는 계산 방식이 다르다. 만일 양자컴퓨터 보급이 확대되면 반도체는 설 자리를 잃을까? 아닐 것이다. 양자컴퓨터 사용에는 기본적으로 돈이 많이 든다. 파리를 잡으려고 미사일을 쏠 수는 없는 노릇 아닌가? 사소한 계산은 인공지능을 포함한 기존 컴퓨터가 맡을 것이다. 특히 양자컴퓨터가 고기능에 전념할 수 있도록 인공지능이 주변 일을 맡아야 한다.

양자컴퓨터와 인공지능 간 호환이 더욱 발달함에 따라 서로의 시너지를 낼 수 있는 형태의 시스템이 늘어날 것이며, 그 덕분에 인류는 더 스마트해질 수 있게 되고, 기능성 반도체의 수요도 양자컴퓨터 덕분에 확대될 것이다.

양자컴퓨터는 메모리 기능이 없다. 따라서 메모리 반도체 수요를 간섭하지 않는다. 즉, 양자컴퓨터 및 인공지능을 통해 계산능력이 확대되는 만큼 메모리 수요는 증가할 것이다. 빠른 계산 속도를 지원하고자 메모리 반도체의 소재 및 구조가 바뀔 가능성은 있다.

예를 들어 D램이 M램$^{Magnetic\ RAM}$이나 R램$^{Resistive\ RAM}$으로 대체될 수는 있지만 메모리 반도체의 생산공정은 크게 바뀌지 않고 특허로 보호되고 있으므로, 메모리 반도체의 형태가 바뀌어도 한국 중심의 메모리 사업을 중국 등에서 설립한 신규 진입 업체가 대체하기는 어려울 것이다. 단, 모든 반도체의 원천기술을 미국이 보유하고 있으니 미국 정부의 반도체에 대한 입장은 신경 쓸 필요가 있다. 네덜란드의 ASML이 노광 장비를 중국에 팔지 못하는 이유도 그 장비에조차 미국의 기술이 포함되어 있기 때문이다.

TEN BAGGER

제6장

당신의 부를 지키는 최후의 방패
사이버 보안

PORTFOLIO

뚫리면 죽는다,
생존을 위한 보안 투자

　미국은 러시아가 발사한 초음속 미사일을 빠짐없이 격추시킬 수 있을까? 우선 쏘기 전에 막는 것이 최상이다. 그래서 위성을 기반으로 하는 아이언돔을 설치하여 적의 동태를 살핀 후, 이상한 징후가 보이면 경고를 하거나 선제타를 날려야 한다. 위성 말고 다른 방법으로도 적의 동태를 살필 수 있다. 구글, 마이크로소프트, 애플 등은 전 세계 사람들이 사용하고 있는 운영체계(크롬, 윈도우, iOS 등)를 갖고 있고, 그 안에 그들만 볼 수 있는 백도어 프로그램을 심어 모두를 감시할 수도 있다. 이런 세계적인 운영체계는 미국 업체들만 갖고 있다.

　러시아의 초음속 미사일이 발사된다면 그 모든 미사일을 전부 요격하는 일은 쉽지 않다. 따라서 관심은 그것을 러시아로 돌려보내는 일에 쏠린다. 한국도 북한이 발사한 미사일을 다른 곳으로 보내는 일에 관심이 있을 것이다. 어떻게 가능할까?

자동차 급발진의 원인은 운전자 실수인가, 아니면 차량 결함인가? 나는 대부분의 경우가 차량 결함이리라고 생각한다. 자동차의 엔진, 변속기 제어장치(ECU와 TCU)들은 디지털화되었다. 운전자가 가속페달을 밟으면 그것이 디지털 신호로 저장되어 차량을 움직인다. 만일 브레이크를 밟았는데 그 신호가 가속페달 저장 영역으로 넘어간다면 어떤 일이 벌어질까? 가속페달을 밟은 것과 동일한 일이 일어날 수 있다.

운전자가 가속페달을 밟지 않아도 차량은 달리라는 디지털 신호를 받으면 달린다. 그렇다면 해킹을 통해 운전자를 죽일 수도 있다. 물론 정상적으로 개발된 차는 그러지 않겠지만, 보안이 취약한 자동차는 해커의 '가스라이팅'에 넘어갈 수도 있다. 사람들 중에서도 정신이 취약한 이가 있지 않은가? 해킹 기술이 고도화될수록 취약해지는 기계들이 늘어날 것이다. 이것이 해킹이며, 사이버 보안이다. 민간에서도 이런 사이버 전투가 급증할 것으로 보인다.

사고를 보험으로 때우기 어려워졌다

과거 한국의 한 신용카드 회사가 해킹을 당했다. 그 기업을 방문해 왜 사이버 보안 투자를 게을리하느냐고 물었더니 "해커가 뚫으려고 마음먹으면 뚫릴 수밖에 없다. 침투 방법이 너무나 다양하기 때문이다. 따라서 해킹 초기에 경고하는 것이 최선이다. 해킹을 통해 훔친 정보가 조기 경보를 통해 제한을 받게 되면 해킹의 의미가 상실된다"라는 답을 받았다.

한국에서는 정부 강령(지침)만 준수하면 책임을 지지 않아도 되는 경향이 있다. 반면 미국 기업들은 사고 시 다양한 민·형사 책임에 노출된다. 사이버 보안 투자는 단기적으로 봤을 때 비용만 증가할 뿐 경영 성과로 드러나지 않아서 예전에는 미국에서도 투자 인센티브가 낮았다. 차라리 해킹 사고가 나면 보험으로 때우자는 태도였다. 그러나 해킹 사고가 빈발하고 피해 규모가 커지며 보험사 손해율이 상승하자, 해킹 보상 보험상품들이 자취를 감추기 시작했다. 이제는 기업들이 사이버 보안에 직접 투자해야 하는 시대가 됐다.

과거에는 '조기 경보'만으로도 해킹의 동기를 약화시킬 수 있었다. 훔칠 수 있는 시간이 짧아지기 때문이다. 그러나 5세대, 6세대 초고속 통신으로 넘어가면 해커가 데이터를 훔쳐 달아나는 속도가 10배 빨라진다. 조기 경보로는 대응이 안 된다. 이제는 뚫리기 전에 해킹의 조짐을 찾아내야 한다.

해킹에 진심이 되어간다

이제는 데이터의 시대다. 인공지능 학습과 추론을 위해 데이터 교신이 늘어날 수밖에 없고, 앞으로는 사물(기계) 간의 교신^{IoT}이 급증할 것이다. 이런 연결의 시대에 데이터는 더욱 소중한 자산이므로 그것을 훔치려는 동기는 더욱 강화될 것이다. 요즘 세상에서는 피와 돈을 쏟아 물리적인 전쟁을 벌여도 얻을 것이 별로 없다. 지저분하게 전쟁을 치르지 않고도 가치 있는 데이터를 훔쳐 얻을 수 있다면 보상이 훨씬 크다. 미래에는 사이버 전쟁으로 바뀌어갈 것이다.

해킹을 통한 보상이 커지니 해커들도 침입 전 오랜 기간 공부하며 준비한다. 해킹 목적물의 내부 구조가 어떻고, 어떤 데이터가 있을지를 상상한다. 지키기는 그만큼 어려워진다. 해커 입장에서도 오래 준비하며 투자한 것이므로 단순한 도둑질로 끝내지 않는다. 일단 잠입한 후 내부인 행세를 하며 그 안에 어떤 가치 있는 정보들이 있는지 살펴본다. 고정간첩처럼 머무르는 것이다. 사이버 보안업자들도 거짓 정보를 흘려가며 어색하게 대응하는 자를 식별한다. 단, 즉시 체포하지 않고, 해커가 가치 있는 정보를 모아 도주할 때 추격하여 적의 근거지를 섬멸한다. 결국 양쪽 다 해커인 셈이다.

이들은 인공지능을 활용하기 시작했다. 적발되지 않는 패턴, 적발할 수 있는 패턴을 경쟁적으로 개발한다. 해킹에 새로운 도구, 인공지능이 도입된 셈이며, 그 결과 전투는 더 치열해질 것이다. 그리고 그 도구의 끝은 '양자컴퓨터'다.

보안 대책이 더 어려워지는 이유

해커는 공을 들여 침입한 곳에 발각되지 않고 다시 들어올 수 있도록 하는 프로그램을 심는다. 빨대를 꽂는 것이다. 2025년, SK텔레콤은 해킹을 당해 많은 국민에게 불편함을 안겨줬다. 그 해커는 분명히 SK텔레콤 안에 다시 들어올 수 있는 프로그램을 심었을 것이고, SK텔레콤이 그것을 제거하지 못했다면 또 다른 해킹이 이어질 수 있다.

정보가 새나갈 수 있는 접점들도 너무 많아졌다. 2018년, 미국의 마이클 터핀Michael Terpin은 AT&T를 상대로 소송을 제기했다. 그는 비트코인 생태계 조성에 기여한 대가로 비트코인을 다량 받아 지갑에 저장했었는데 AT&T 대리점 직원이 그의 개인정보를 해커에게 넘겨 비트코인을 도둑맞았다는 것이다. 이제는 외부 대리점 직원까지 단속해야 하는 실정이다. SK텔레콤을 다시 살펴보면, 이들은 고객의 개인정보를 암호화하지 않은 채 방화벽 안에 보관하다가 꺼내서 사용할 때만 암호화한다고 한다. 만일 해커가 방화벽을 관리하는 직원을 포섭한다면 개인정보는 무방비 상태가 된다.

해커의 정체를 알아도 외국인이면 체포가 어렵다. 범죄인 인도 조약이 체결되어 있더라도 자국민은 인도하지 않는 것이 일반적이다. 또 소송에 매우 오랜 기간이 소요되어 사실상 체포가 불가능한 경우가 많다.

글로벌
보안 강자들

해커 고유의 동작이나 습관이 있다. 그 패턴을 알면 뚫리기 전에 미리 대응할 수 있다. 쉬운 예를 들면 새벽에 돌아다니거나, 자신의 휴대폰 통화 기록을 자주 지우는 등 보통 사람들이 하지 않는 행동이 범인의 습관일 수 있듯 해커들도 그들만의 비정상적인 습관들이 있다.

해커가 데이터를 훔치는 동시에 그 데이터가 쓰레기가 된다면 해킹은 쓸모없는 짓이 된다. 물고기가 물 밖으로 나오면 바로 죽는 것과 같은 이치다. 양자통신에서는 누군가가 데이터를 가로채는 순간 양자상태가 깨져 정보를 쓸 수 없게 된다. 또한 블록체인도 해킹을 위해 노드^{node}의 값을 조작하면 그 해시^{hash}값이 바뀌고, 그럼 다음 노드들의 해시값이 모두 바뀌어야 하므로 해킹이 현실적으로 불가능하다.

크라우드스트라이크의 사전 적발

크라우드스트라이크CROWDSTRIKE는 글로벌 가입자들의 로컬 PC나 서버에서 감지된 해킹 데이터를 공동 클라우드에 올려 다양한 해킹 패턴을 학습하고 이를 공유한다. 쉽게 말해 가입자들이 수수료를 내고 데이터를 공개하면 이들의 사이버 보안을 공동 대행하는 것이다. 역사적으로 가입자들의 사이버 보안을 대행하면서 해커들의 습관을 파악했고, 또 현재 자주 시도하는 해킹에 대해서도 이미 면역이 되어 있다는 의미다. 설령 기존에 없었던 해킹 방법이라도 해커의 습관을 알면 사전 차단이 가능하다.

공동 클라우드 방식은 가입자가 늘어날수록 더 많은 해커의 습관과 해킹 패턴을 수집할 수 있어 보안 시스템이 강화된다. 즉 확장이 용이하고, 그런 규모의 경제가 진입장벽으로 작용하므로 시장의 개척자인 크라우드스트라이크는 시간이 갈수록 유리하다.

그런데 왜 이 회사는 이익을 못 낼까? 그럼에도 시가총액 193조 원에 이를 만큼 성장했다는 것이 희한하다. 그 이유는 첫째, 가입자 기반 구독 서비스지만 초기 R&D 투자가 불가피했다. 기업들이 보안 투자 대신 보험을 선호했기에 초기 투자 고정비 부담을 극복하기 어려웠다. 하지만 해킹이 빈발하고 대담해지면서 보험사 손해율이 상승하자 보험상품이 줄어들었고, 이제는 기업들이 점차 보험사 대신 크라우드스트라이크를 찾게 되었다. 그렇다면 매출액이 고정비를 돌파하는 순간부터 이익이 급증할 것이다.

둘째, 보안을 맡긴 고객들이 사용하는 표준이 다르다. 표준이 같아야 보안 관리가 쉬워진다. 그래야 어느 것이 정상이고 이상인지, 내부인지 외부인지 구분하기 쉽다. 또 문제가 단말기, 네트워크, 클라우드 중 어디서 발생했는지 판단하기도 수월하다. 그러나 아직은 회사 간 운영체계가 달라 표준화에 어려움이 있다. 그런데 보안에 가장 예민한 것이 정부다. 왜냐하면 잃어버려서는 안 될 자료가 많기 때문이다. 미국 국토안보부를 비롯한 정부 산하기관들이 표준화를 주도하고 있고, 그 표준을 민간기관에 강제하는 분위기다. 그 결과, 보안 업체의 생산성과 수익성은 크게 향상될 것이다.

팔란티어의 고정간첩 색출

팔란티어는 따로 노는 데이터$^{data\ silo}$에 꼬리표^{label}를 달아 서로 간 의미와 연관성을 해석하는 플랫폼을 갖고 있다. 그래서 어떤 개별 데이터도 빠른 해석이 가능하다. 팔란티어 플랫폼이 국방에서 먼저 사용된 이유도 적의 움직임들을 짧은 시간 내 조합, 해석할 수 있는 능력 때문이다.

이런 해석 능력을 갖추기 위해서 필요한 역량은 첫째, 분야별 전문 지식으로, 즉 아주 간단한 행동도 어떤 것과 연결되고, 어떤 효과를 만들 수 있는지를 알아야 한다. 팔란티어는 이런 실시간 데이터 해석이 중요한 응급 분야에 특화되어 있다. 예를 들면 국방, 의료, 금융 분야다. 반면 크라우드스트라이크는 범용 서비스에 가깝다. 둘째, 전문 지식이 해결하지 못하는 부분의 해석을 인공지능이 패턴을 잡아 보완하는 능력이다. 팔란티어는 인공지능을 문제 해결을 위한 모델에 적용하는 데 세계 최고 수준이다.

팔란티어의 창업자 피터 틸^{Peter Thiel}은 2000년대 초 페이팔^{PAYPAL}을 공동 창업한 멤버이기도 하다. 페이팔 초기 경영에 참여한 인물에는 일론 머스크와, 링크드인^{LINKED IN}을 공동 창업한 리드 호프먼^{Reid Hofman}이 있다. 그래서 피터 틸은 정치인들과도 네트워크가 있고, 트럼프 행정부의 밴스^{JD Vance} 부통령과도 친분이 있다.

페이팔 창업 시절인 2000년대 초는 온라인 금융 초기였다. 그는 당시 사기 거래가 많아 골머리를 앓았다. 그래서 거래 패턴을 실시간으로 분석해 잠재적 사기 행위를 탐지하는 시스템을 개발했다. 당시 그는 "사기 패턴은 개별 거래 데이터를 보면 못 찾고, 그것들이 어떻게 연결되는지 알아야 색출이 가능하다"라고 말한 바 있다. 그것이 팔란티어의 자산이 된 것이다.

크라우드스트라이크가 사전 탐색에 실패해 해커가 고정간첩처럼 시스템 내부에 잠복해 있는 경우, 팔란티어가 이를 색출해낼 수 있다. 시스템 내부에 있는 주체들의 행동들을 연관 지어 해석해 이상한 점이 있는지 지켜보는 것이다. 해커로 판단되면 어떤 경로를 통해 침입했고, 내부에서 무슨 일을 하고 있는지, 동선은 어떻게 되는지 파악하는 것도 가능하다. 그렇게 보면 지금은 사전 탐색을 하는 크라우드스트라이크와 고정간첩을 색출하는 팔란티어가 상호 보완 관계에 있다고 볼 수 있다.

그럼 어떤 역량이 더 중요해질까? 일회성 해킹보다 특정 대상을 선택해서 연구하고 지속적으로 해킹을 시도하는 위협^{APT}(Advanced Persistent Threat, 지능형 지속 위협)이 증가하고 있으므로 사전 탐색에도 불구하고 뚫리는 경우가 늘어날 것이다. 그렇다면 고정간첩을 색출하는 일이 더 중요해지므로 팔란티어의 가치가 더 증가할 수 있다. 하지만 크라우드스트라이크도 고정간첩 색출 역량을 키울 것이므로 이 둘은 결국 경쟁 관계로 발전할 수도 있다.

사이버 보안의 부문별 강자들

데이터센터 및 단말기의 사이버 보안은 1) 내부의 데이터 보안, 2) 입구에서의 사전점검, 3) 단말기와 데이터센터 사이 네트워크에서

통신 중에 있는 데이터에 대한 보안으로 나눌 수 있다. 내부 데이터 보안은 운영체계 소프트웨어 개발업체가 주로 맡는다. 대표적인 기업이 오라클이다. 오라클은 컴퓨터 내부에도 적이 있을 수 있다고 의심하고 계속해서 암호를 바꾼다(제로 트러스트 zero trust 모델). 한편 오라클은 데이터들의 상관성을 파악하여 관리하는 데 강점이 있으므로 해커를 역추적하는 데 유리하다. 팔란티어도 개별 데이터의 연관성을 통해 해석하는 능력이 탁월하여 향후 활약이 기대되며, 크라우드스트라이크도 미래에는 이 분야에 진출할 것으로 보인다.

사전점검에서의 대표기업은 크라우드스트라이크와 팔로앨토 네트웍스 PALO ALTO NETWORKS다. 데이터센터와 단말기 사이의 네트워크 통신 보안 업체로는 포티넷 FORTINET, Z스케일러 ZSCALER, 아리스타 네트웍스, 주니퍼 네트웍스 등이 유명하다. 통신망을 고속도로에 비유하면 차가 수상한 곳에서 들어왔는지, 위험한 물건을 싣고 있는지, 운전 습관이 이상한지 등을 관찰하며 해커를 찾아내는 기능이다.

양자컴퓨터는 블록체인도 해킹할 수 있다

비트코인이 해킹당할 수 있다면 그 가치는 폭락할 것이다. 아직 양자컴퓨터는 비트코인을 해킹할 수 없다. 그런데 계산 규모가 커진다면 가능하다. 지금 비트코인이 안전한 이유는 첫째, 암호의 길이다. 우리가 쓰는 암호는 대개 8자지만 비트코인은 256자다. 해킹할 엄두를 못 낸다. 그러나 양자컴퓨터에게는 쉬운 일이 될 수 있다. 둘째, 노드 하나를 해킹하면 전체 노드가 모두 바뀌어 계산이 불가능하다. 그러나 구조가 없는 알고리듬 찾기에 특화된 양자컴퓨터의 그로버^{Grover} 알고리듬은 난수를 쉽게 찾아낸다. 그렇다면 쉽게 비트코인의 블록을 조작할 수 있다.

양자컴퓨터로 개인 지갑을 해킹할 수 있을까? 우리는 암호화폐 거래 시 개인키를 공개키로 만드는데 여기에 비대칭 암호학이 쓰인다. 쉽게 말해 공개된 자물쇠가 누구 것인지는 모두가 안다. 즉 '언제 얼마가 어디서 어디로 넘어갔다'라는 사실은 모두가 공개키를 통해 공중하는 바다. 그러나 공개키로 개인키를 열 수는 없다. 즉 거래 당사자의 신원이나 목적물이 무엇인지는 모른다. 그래서 '비대칭'이라고 하는 것이다.

비대칭 암호학에 쓰이며 역산을 어렵게 만드는 타원형 함수^{ECDSA}의 원리를 쉽게 표현해보자. '내가 100미터를 걸었는데 몇 발자국이나 걸었을까?' 이 문제를 풀기가 쉬운가? 어렵다. 걷는 보폭마다 길이가 다르기 때문에 수많은 조합(가능성)이 생기기 때문이다. 그러나 양자컴퓨터의 쇼어^{Shor} 알고리듬은 소인수 분해에 특화되어 있어 그런 정답도 쉽게 찾는다. 즉 공개키만으로 개인키를 쉽게 역산하여 해킹할 수 있고, 거래 위조, 사인 위조, 지갑 탈취 등이 가능해진다. 양자컴퓨터 오류가 줄어 규모가 커지면 말이다.

그래서 양자 내성 암호가 등장한다. 난수를 더 복잡하게 구성하거나 양자컴퓨터가 어려워하는 문제를 내는 것이다. 예를 들면 지금 양자컴퓨터가 가장 어려워하는 것은 스스로 발생하는 오류를 해결하는 것이므로, '해결하기 어려운 오류'를 문제로 내는 것도 하나의 방법이다. 또 양자컴퓨터가 계산을 빨리 할 수 있는 이유가 '쓸데없는 계산'을 피하고, 정답을 향해 곧바로 달려가기 때문인데, 쓸데없는 부분까지 다 풀어야 해결되는 문제를 낸다면 양자컴퓨터도 일반 컴퓨터와 다를 바가 없어질 것이다.

이렇게 양자 내성 암호가 발전할수록 그것을 뚫기 위해 양자컴퓨터도 덩달아 발전할 것이며, 이 양상은 패권전쟁으로 이어질 것이다. 양자 내성 암호 및 그 암호를 뚫을 수 있는 양자컴퓨터 모두, 확대된 계산능력의 양자컴퓨터를 개발해본 경험이 있는 게이트 기반 방식의 구글, IBM, 리게티 컴퓨팅이 유리할 것이다.

기업 소개 사이버 보안 분야별 강자들

형태	특징	유망 기업
데이터센터 내부 보안	- 내부의 암호를 지속적으로 갱신. "내부자도 간첩일 수 있다."(zero trust) - 데이터 간의 연관성을 파악하여 고정간첩을 색출	오라클 팔란티어
데이터센터 입구 보안	- 문 앞에서 배회하는 자들의 습관을 보고, 도둑인지 판단(사전점검)	크라우드스트라이크 팔로앨토 네트웍스
데이터센터와 단말기 사이 네트워크(통신) 보안	- 통신 중 수상한 행적을 보이는 주체를 단속 (고속도로에서 위험한 물건을 싣고, 비정상적인 운전을 하는 차를 적발하듯)	아리스타 네트웍스 주니퍼 네트웍스
양자 내성 암호	- 양자컴퓨터가 어려워하는 문제들 개발 - 더 계산능력이 우월한 양자컴퓨터 개발	구글 IBM 리게티 컴퓨팅

TEN BAGGER

제7장

국가를 넘어선 새로운 부의 이동
민간 플랫폼과 블록체인

PORTFOLIO

누구나 똑똑하게 만들어주는
인공지능의 힘

레이 달리오는 2010년대부터 패권이 미국에서 중국으로 이동할 것이라 주장하며, 중국 투자에 앞장섰다. 2021년에 출간된 그의 저서 『변화하는 세계질서 The Changing World Order』에서도 그런 주장은 되풀이된다. 역사적으로 볼 때 패권국가는 무역을 통해 모은 돈에 군사력이 더해져 탄생하고, 그 후에는 통화의 힘으로 세계를 지배하다가, 패권 말기로 갈수록 빚이 늘어나고 부의 불균형이 심해지며 쇠락한다는 논리다.

미국은 달러의 힘을 바탕으로 구매력을 유지할 수 있었다. 즉 일을 덜해도 소비할 수 있는 힘이 생긴 것이다. 이로 인해 무역적자가 커지고 인구 고령화로 인해 돌봐야 하는 노인들이 많아지며 정부의 빚이 증가했다. 부의 불균형도 심해졌다. 레이 달리오는 이런 미국이 패권의 마지막 국면에 들어섰다고 주장하며, 중국이 그 자리를 대신할 것으로 내다봤다. 특히 역사적으로 패권은 항구를 장악하고 무역흑자를 만들면서 시작하는데 중국의 '해상 일대일로'는 그 전형이라는 것이다.

그러나 레이 달리오는 중국 투자를 통해 쓴맛을 봤다. 중국은 미국보다 더 큰 곤경에 몰리고 있다. 많은 이들이 미국 정부의 빚 증가를 우려하지만 사실상 중국의 중앙정부가 갚아야 하는 빚은 미국보다 더 빠르게 증가하고 있다.

지금 미국의 달러 패권을 지키는 힘은 무엇인가? 정답은 신기술이다. 그래서 신기술에 투자하라는 것이다. 미국이 무역적자를 내는 만큼 미국의 달러는 중국을 비롯한 해외로 빠져나온다. 중국의 수출기업은 수출대금으로 받은 달러로 직원 월급을 줘야 한다. 그러려면 받은 달러를 팔고, 중국 인민폐를 사야 한다. 즉 미국의 무역적자만큼 달러는 매도세에 의해 가치를 잃게 되고, 패권 통화의 지위를 유지할 수 없게 된다. 그런데 달러를 다시 미국으로 돌려주는 힘이 있다. 그것이 신기술이다.

돈에게 일을 시킨다는 것은 투자를 한다는 것인데 지금 돈이 일할 수 있는 곳은 신기술을 주도하는 미국의 기술 기업이 대표적이다. 중국 정부가 미국 국채를 더 이상 사지 않지만 중국 민간인들은 미국 기술 기업의 주식을 사며 달러를 계속 미국으로 보내고 있다.

그렇다면 지금 미국은 건강한가? 그렇지 않다. 다른 나라들이 더 큰 문제를 갖고 있을 뿐이다. 그동안의 무분별한 고성장 속에 지속되기 어려울 만큼 경제가 부풀려진 면이 있고, 환경오염 문제 등 지속성에 의심이 제기된다. 다시 말해 경제 저성장이 불가피하다는 것인데, 이를 극복할 수 있는 유일한 방법은 생산성을 높이는 것이다. 즉 부풀어진 풍선을 채워 넣으려면 더 많은 공기(부가가치)를 만들어야 한다.

그런데 현재의 정부 주도(톱다운식) 제도권 경제로는 한계가 있다. 지금은 정부의 규제 안에서 소수의 천재가 만들어놓은 기술과 부가가치가 소비되는 구조다. 규제를 하는 이유는 선량한 소비자들을 보호하기 위함이다. 그러나 이런 규제로 늙은 경제를 되살리기는 어렵다. 새로운 부가가치가 충분히 만들어지려면 누구라도 규제의 간섭 없이 자신의 생각을 '상품화'시킬 수 있어야 한다. 그런데 민간인들이 부가가치를 만들 만큼 스마트해졌나? 그들을 똑똑하게 만들 수 있는 도구가 나타났다. 인공지능이다. 챗GPT를 사용하는 사람과 사용하지 않는 사람의 리서치 능력이 판이하게 다른 것처럼, 점차 민간인들이 부가가치를 공급하는 주류가 될 것이며, 패권도 그쪽으로 움직일 것이다.

거북이가 토끼를 이길 수 있는 시대

지능이 좀 낮더라도 챗GPT 등 챗봇에게 부지런히 질문하면 정답을 가르쳐주는 바, 똑똑한 사람을 따라잡을 수 있다. 천재뿐 아니라 누구라도 쉽게 인공지능을 활용하여 이웃의 필요를 해결해주는 솔루션을 제공할 수 있고, 부자도 될 수 있다. 바야흐로 인생이 노력하는 자의 것이 된다.

이제 풀어야 할 과제는 '규제'다. 만일 자동차가 시속 100km까지만 달릴 수 있도록 설계되었다면 고속도로 속도 제한에 불만을 갖는 사람은 없을 것이다. 그런데 계기판에 200km 이상 달릴 수 있다고 나와 있으니 속도 제한을 갑갑하게 여긴다. 인공지능이 인프라로 깔리게 되면 사람들이 편하게 할 수 있는 것들이 매우 다양해질 것이고, 그런 상황에서 규제를 하기는 어렵다. 사람들이 할 수 있는 것을 막는다면 불평이 따를 것이기 때문이다. 그래서 정치인들이 인공지능의 도입에 있어 신중한 부분도 있다.

은행 없는 금융,
직접금융의 시대

 우리가 은행에 돈을 예금하면 통장을 준다. 맡은 돈을 반드시 돌려준다는 약속이다. 은행은 그 돈을 어디에 빌려줄지 우리와 상의하지 않는다. 그런데 예금을 안전하게 돌려주려면 안전한 곳에 빌려줘야 한다. 주로 대기업이다. 그런 와중에 은퇴 인구는 늘고 있다. 노인들은 소비성향이 낮다. 소비가 위축되니 제조 기반의 대기업은 투자 성과가 낮고, 결국 낮은 이자를 돌려줄 수밖에 없다. 결국 은행은 우리에게 '저위험 저수익'의 금융을 제공한다.

 은퇴 인구는 금융소득에 의존해야 하는데 예금 이자율이 너무 낮으면 생활이 안 된다. 따라서 스스로 투자처를 공부해서 좀 위험하더라도 고수익을 낼 수 있는 곳을 찾아야 하고, 분산투자를 통해 위험을 관리해야 한다. 이때 투자처에 대한 정보나 투자자들의 맞춤형 포트폴리오를 제공하는 기관이 핀테크 또는 빅테크들이다. 결국 돈이 금융기관에서 빠져나와 높은 성과를 낼 수 있는(제대로 일할 수 있는) 곳으로 이동하는데 이를 탈금융기관화^{disintermediation}, 보통 디파이^{DeFi}라고 한다. 이제 돈이 일할 수 있도록 자금의 길을 안내하는 기능이 기존 금융기관에서 디지털 기술 기업들로 넘어가고 있다. 또는 기존 금융기관이 디지털화되고 있다.

투자자들은 어디서 고수익을 찾아야 할까? 일찍 투자할수록 높은 수익률을 얻을 수 있다. 이제는 인공지능이 다루기 쉬운 형태로 민간에 인프라로 제공될 것이다. 누구라도 인공지능을 사용해 이웃의 불편함을 해소할 수 있는 사업모델을 만들고, 그것이 경쟁력 있다고 판단되면 이른 시기에 투자를 받을 수 있다. 비상장 투자를 통한 고수익의 기회가 풍부해질 것이라는 이야기다. 단, 정부가 규제로 시비 걸지 말아야 한다.

이때 문제는 다른 사람이 내 사업모델을 모방해서는 안 되고, 나도 그 모델이 내 것임을 입증할 수 있어야 한다는 것이다. 그리고 모르는 사람들끼리도 거래가 수월해야 한다. 이 문제를 블록체인이 깔끔하게 해결한다. 우선 NFT(Non Fungible Token)의 형태로 창업자의 소유권을 확실하게 입증할 수 있다. 또한 사고파는 사람들을 편하게 연결시키고, 그 거래가 해킹 없이 안전하게 진행되도록 해준다.

저무는 비트코인, 떠오르는 알트코인

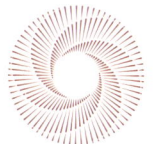

금과 비트코인에 관심이 집중되는 이유

많은 사람이 미국 중앙은행이 돈을 시중에 대량으로 풀어 금융자산 및 부동산에 가격거품이 생겼다고 말한다. 틀린 이야기는 아니다. 그런데 시중에 유동성이 공급되는 더 근본적인 이유가 있다. 기업의 사례를 통해 설명해보자. 성장기의 기업은 높은 수익성을 누리지만 돈이 모자란다. 시설 확장이나 R&D에 투자를 늘려야 하고, 매출이 늘어나는 만큼 매출채권 및 재고자산 등 운전자본으로 돈이 묶이기 때문이다.

돈은 오히려 기업이 성숙기에 접어들었을 때 들어온다. 그때는 성장이 정체되어 시설 확장이 필요 없고 유지보수만 하면 되는데, 매출 증가율도 미미하여 운전자본으로 빠져나가는 돈도 적다. 그동안 성장하며 커진 이익 규모가 성숙기에 몰려드는 것이다.

대표적인 사례가 1980년대 후반 일본 기업들이다. 소니, 토요타 등 일본의 수출기업들은 1970년대부터 1980년대 중반까지 놀라운 성장을 보이다 1985년 플라자합의 이후 성장세가 크게 꺾였다. 그런데 돈은 모두 그때 쏟아져 들어왔다. 일본이 찬란했던 만큼 엄청난 양의 자금 유입이었다. 돈은 갈 곳이 없어 부동산, 주식 등 금융자산으로 몰려들어 가격거품을 만들었다. 어마어마한 거품이었다. 일본의 부동산 가격 및 주가지수는 35년 전 고점을 최근에야 간신히 넘어섰다.

가계도 마찬가지다. 젊을 때는 소비도 활발하고, 자녀들 키우느라 지출도 많다. 그러나 인구가 고령화되며 자녀 양육에 대한 부담이 줄고, 소비에서 저축으로 관심이 옮겨가고 있다. 이것이 근본적인 가격거품의 원인이며, 금융자산 전반에 거품이 확산하는 이유다. 어느 나라가 가장 심각한가? 한국이다. 우리 대기업들은 늙어서 돈이 가서 일하기 어렵다. 만일 한국 정부가 돈이 일할 새로운 스타트업을 육성하지 못하면 강남 집값, 금, 비트코인 등 비생산적인 곳의 가격거품을 잡을 수 없을 것이다.

우리는 늙을수록 위험에 대한 인내력이 떨어진다. 월급도 끊겼고, 언제 아플지 모르기 때문이다. 또 인플레에 예민하다. 소득이 없는 상황에서 물가가 오르는 만큼 실질소득이 줄기 때문이다. 코로나 쇼크발 인플레는 트라우마가 되었다. 그래서 금, 비트코인, 주택처럼 인플레를 방어할 수 있는 자산에 관심이 쏠리고, 거품이 커진다.

한편 자금 은닉 및 탈세도 금, 비트코인 가격거품의 큰 원인이다. 금을 장롱에 보관하면 상속세, 증여세를 피할 수도 있다. 비트코인 지갑 속의 개인키는 익명이므로, 신원확인을 하는 암호화폐 거래소에 노출시키지 않은 채 블록체인 안에서 계좌 간 송금을 하면 증여세 회피가 가능하다. 물론 출금하는 순간 거래소에서 신원 파악을 할 테니 적발될 수 있지만 만만치 않을 것이다.

그러나 암호화폐 시장이 커지고 거래소 관리 시스템에 많은 투자가 이루어져 정교해지면 적발이 빠르고 쉬워질 수 있다. 특히 인공지능이 세련되어지며 자금세탁을 하는 사람들의 패턴을 학습하고 있다(쉬운 예로, 자금세탁자들은 거래소와 개인 지갑을 빈번하게 들락거린다). 인공지능의 감시로 인해 자금 은닉이 어려워질수록 비트코인의 투자 매력이 떨어질 수도 있다.

금은 정말 안전자산인가?

금을 안전자산이라고 생각하는 사람들은 금에 투자하면 인플레이션 이상의 수익률을 안정적으로 낼 수 있다고 기대하고, 실물이므로 들고 있으면 언제든 원금을 회수할 수 있다고 믿는다. 그러나 착각이다. 1974년 말에 금 선물이 상장되며 개인의 금 거래가 활발해졌다. 그 이후부터 지금까지 금의 실질수익률은 미국 국채 수준이다. 그러나 금 가격의 변동성은 국채보다 훨씬 크다. 그 변동성을 감안하면 안전자산이라 하기에는 문제가 있다. 수익률도 초라하다. 예를 들어 1980년 고점을 지나 급락한 가격이 그 수준을 2007년에야 회복했으니 원금 회복에 27년이 걸렸다. 2011년 이후 급락했을 때는 2020년에서야 그 수준을 회복했다. 투자 시점을 잘못 잡으면 자칫 죽기 전에는 원금을 회복하지 못할 수도 있다. 그런데도 금이 과연 안전자산인가?

금 가격의 부담스러운 변동성

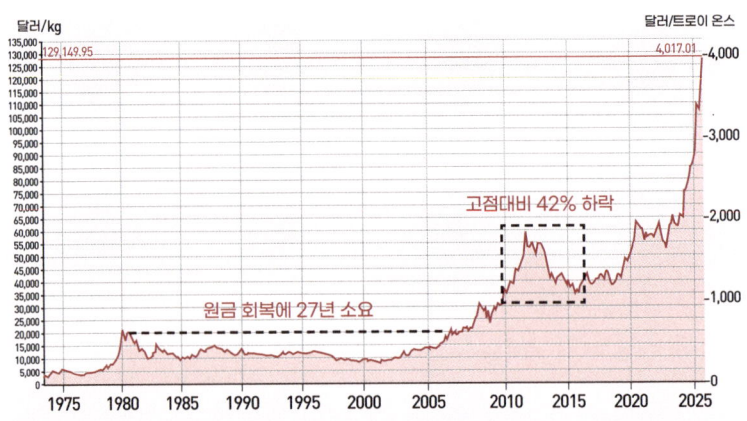

출처 : goldprice.org

금과 신기술주, 누가 궁극적 승자일까?

사람들이 금에 열광하는 이유는 앞에서 설명했다. 특히 부의 불균형으로 인해 미국 정부의 재정 부담이 커지고, 국채 발행 시 중앙은행이 신규 화폐를 발행해 국채의 일부를 사주는 과정에서 달러 공급이 늘고 달러 가치가 희석되어 물가가 상승할 수 있다는 두려움 때문이다. 이것이 모든 자산의 기대 인플레에 대한 지배적인 요인이며, 금뿐 아니라 신성장 신기술 주식에도 적용된다.

그렇다면 금과 신기술주 가운데 궁극적 승자는 누가 될까? 금보다 더 가격이 빠르게 오르는 신기술 테마가 많다. 그러나 보수적인 사람들은 아직 금에 머물러 있다. 그들에게는 신기술주 가격 상승이 투기로 보일 것이다. 그런데 중국을 압도하려면 미국은 인공지능 투자의 진도를 빨리 빼야 한다. 그 과정에서 신기술주의 실적 개선마저 눈에 띄면 금에 투자했던 투자자들은 비로소 주가 상승의 이유를 납득하고 금보다 더 빛나는 것이 등장했다고 믿을 것이다. 그때는 아무리 보수적인 사람도 금의 일부를 팔아 신기술 주식으로 옮길 것이다.

신기술은 같은 자원으로 더 많은 산출물을 만든다. 그 결과 생산성을 개선하고, 인플레를 잠재운다. 금을 보유해야 하는 이유를 제거하는 것이다. 지금 투자자들이 걱정하는 달러 남발에 의한 인플레 기대를 신기술이 상쇄한다면 투자자들은 금을 버리고 궁극적인 승자인 신기술주로 더욱 빠르게 이동할 것이다. 이런 논리는 비트코인에도 그대로 적용된다.

비트코인은 정말 디지털 금인가?

2008년 금융위기 후 미국 정부는 AIG와 같은 금융기관의 도산을 방치할 수 없어 그들의 부채를 정부부채로 돌렸다. 그 과정에서 발행된 국채를 모두 시중에 쏟아부을 수 없어 일부는 미국 중앙은행이 신규 화폐를 발행해 흡수했다. 비트코인도 이에 대한 저항으로 탄생했다. 즉 발권량을 제한하여 가치를 신뢰할 수 있는 화폐를 민간 스스로 만들자는 취지였다. 비트코인은 발행량이 2100만 개로 제한되도록 시스템을 구축해 민간의 신뢰를 얻었다.

지금까지의 비트코인 발행량은 2000만 개에 육박하며 나머지 발행 가능량은 100만 개 남짓이다. 이제부터 비트코인을 채굴하려면 더 많은 에너지를 사용해야 하므로 비용은 증가하며, 이는 가격 상승 요인이다. 현재 비트코인 1개를 채굴하기 위한 장비 및 전기 요금은 약 4만 달러 정도로 알려져 있다. 채굴 성공 확률이 60% 정도라면 채굴 원가는 1개당 6만~7만 달러 정도다. 현재 가격은 그 1.5~2배 수준에서 형성되어 있으니, 시간이 갈수록 채굴이 어려워질 것이라는 기대가 반영되어 있다.

　이런 희소성은 금을 닮아 있다. 금도 거의 고갈되어 채굴 원가가 상승하고 있다. 그런데 왜 비트코인을 가져야 하나? 금은 빛난다. 그래서 갖고 싶다. 또한 탁월한 물성 덕분에 잔존가치에 대한 신뢰도가 있다. 반면 비트코인은 내재가치를 설명하기가 어렵다. 거래 속도가 너무 느려 결제수단으로도 사용할 수 없다. 사실 희소성 있는 금속들은 많다. 그런데 이것들이 금이 될 수 없는 이유는 사람들이 갖고 싶은 뚜렷한 이유를 만들지 못하기 때문이다. 비트코인은 블록체인을 처음 소개한 코인이다. 상징적 의미가 있다. 그러나 그 지적재산권이 있지는 않다.

　일각에서는 비트코인 관련 펀드[ETF]가 출시된 것을 시장의 신뢰로 판단한다. 그러나 거래소에 상장되었다가 도산하여 폐지된 금융상품들은 많다. 만일 지금의 생산기지 재배치가 끝나 공급망이 안정되고, 인공지능을 비롯한 신기술이 높은 생산성을 만들어 인플레를 꺾어도 비트코인이 사랑받을까? 또한 인공지능이 자금 은닉의 패턴을 더 정교하게 찾아 탈세의 기회를 막아버려도 여전히 사람들은 비트코인을 좋아할까? 물론 지금처럼 높은 인플레이션이 짧지 않은 기간 동안 부자 노인들을 계속 위협하며 금과 비트코인 가격을 끌어올릴 가능성을 배제할 수는 없지만 말이다.

트럼프는 왜 비트코인 가격을 높이고 싶어 할까?

미국 민주당 정권은 비트코인을 불편해했다. 트럼프도 2019년 7월 트위터에 "나는 비트코인의 지지자(big fan)는 아니다"라고 언급했지만 그 후 말을 바꿨다. 그는 미국을 비트코인의 중심지로 만들겠다는 포부도 밝혔다. 신시아 루미스 Cynthia Lummis 미국 상원의원은 5년간 비트코인을 20만 개씩 사서 100만 개를 전략적 자산으로 비축하자는 법안을 발의하기도 했다. 텍사스, 와이오밍, 테네시, 오하이오 등 일부 주의 정부들도 비트코인을 전략 자산으로 구입하자는 움직임을 보였다. 이 경우 기업들도 매수세에 가담하며 비트코인의 수요 기반은 급격히 확대될 것이다.

트럼프 행정부는 왜 비트코인 가격을 올리려 할까? 비트코인 소유는 익명이므로 미국인들이 얼마나 소유하고 있는지는 모른다. 다만 비트코인 발행량 2100만 개 가운데 정부, 거래소, 금융기관, 펀드 소유로 국적 구분이 가능한 것은 400만 개이며 그중 50% 정도는 미국 소유다. 사토시 나카모토가 100만 개를 보유하고 있고, 분실된 것은 400만 개 정도이며 그리고 나머지 1100만 개는 소유자의 국적이 불분명하다. 그러나 미국인이 대부분일 것으로 추정된다. 비트코인 개발이나 생태계 조성의 공로로 비트코인 보상을 받은 사람들이 핼 피니 Hal Finney, 개빈 안드레센 Gavin Andresen, 닉 자보 Nick Szabo, 제드 매캘러브$^{Jed McCaleb}$, 브라이언 암스트롱$^{Brian Armstrong}$, 찰리 슈렘$^{Charles Shrem}$ 등 모두 미국인이기 때문이다. 그들이 차익실현을 했다 하더라도 소소한 정도일 것이므로 비트코인 가격 상승은 미국의 (민간) 자산 확대로 이어지고, 달러 가치에 보탬이 될 수 있다.

정부 빚 증가로 인해 의심을 받는 달러 가치를 좀 더 직접적으로 비트코인을 통해 제고하려면, 앞서 언급했듯 미국 연방정부나 지방정부가 비트코인을 전략 자산으로 구입해야 한다. 현재 금의 시가총액은 25조 달러인 반면, 비트코인은 2조 4000억 달러 정도다. 만일 비트코인이 금을 대체할 수 있다면, 그래서 금 가격이 떨어지고 비트코인 가격이 상승한다면 전략적 자산으로 비축한 비트코인을 통해 정부 빚이 증가해도 달러 가치를 지킬 수 있을 것이다. 그러나 그런 법안들은 발의만 이루어졌을 뿐 시행되지 않고 있다. 만일 비트코인 가격이 기대와 달리 폭락하면 어떻게 될까? 트럼프는 국고를 훼손한 혐의로 사형에 처해질 수도 있다. 그럼에도 트럼프가 비트코인의 전략적 자산 비축을 강행한다면 그의 애국심만큼은 인정하겠지만, 그럴 확률은 매우 낮아 보인다.

설령 비트코인을 전략적 자산으로 비축하여 가격을 끌어올린다 해도 다른 국가들이 그로 인한 달러 강세를 인정할까? 과거 노벨상 수상자인 폴 크루그먼$^{Paul Krugman}$은 미국의 정부부채를 갚는 방법으로 정부가 백금주화를 발행하고, 거기에 '1조 달러'라고 쓰자고 했다. 그

주화는 백금이고, 세계에서 유일하다는 희소성이 있으므로 그 가치가 있다고 주장했다. 물론 비상식적인 해프닝으로 끝났다. 비트코인의 전략적 비축이 백금 주화와 다른 것이 뭔가?

트럼프와 비트코인에 대한 '음모론'

트럼프는 대선 전에 일론 머스크와 가까웠으며, 머스크는 트럼프에 선거 헌금도 냈다. 그런데 머스크가 사토시 나카모토라는 소문이 있다. 그런 음모론이 도는 이유 중 하나는 그가 일본 시바견을 키우며, 스페이스 X의 위성 이름이 시바견 '도지Doge'일 정도로 일본에 관심이 많아 보이는데, '사토시 나카모토'라는 가명도 그런 맥락에서 이해할 수 있다는 것이다. 비트코인 개발에 참여했고 비트코인을 보상으로 받았던 미국인들은 모두 거래소에 계좌를 만들었지만 사토시는 예외다. 만일 사토시가 머스크라면 몰래 트럼프의 지갑으로 비트코인을 넣어주더라도 아무도 밝힐 수 없다. 익명이기 때문이다. 트럼프가 개인의 부를 위해 비트코인을 전략적 자산으로 비축하는 위험을 선택할까? 특히 트럼프가 임기를 마친 후 민주당 대통령이 선출될 경우 그런 전략이 지속될까?

알트코인의 전성시대가 올까?

비트코인은 블록체인이라는 기술을 사람들에게 소개했다. 블록체인은 해킹이 불가능한 익명성을 기술적으로 보장하며, 거래 사실은 모두에게 공증한다. 이를 위조, 변조하려면 공중 참여자의 과반수를 해킹해야 하므로 사실상 불가능하다. 따라서 안전한 거래가 가능하다. 특히 자산의 고유 식별 번호와 소유자 지갑 주소를 연결한 NFT를 통해 자산의 소유권도 안전하게 보장한다. 이런 블록체인의 장점을 활용해 디지털 거래를 활성화하는 수단이 알트코인^{Altcoin}(Alternative Coin)이다. 비트코인 이외의 대체 코인이라는 의미다.

2000년대 이전에는 전쟁으로 사망자들이 발생한 탓에 노인이 적었고, 전쟁 이후 출산율이 급상승하여 젊은이들이 많았다. 따라서 소비가 활발했고, 산업구조가 제조업 중심이었다. 그러나 지금은 정반대다. 전후 베이비부머 세대들이 은퇴하며 노인들이 급증하는 반면 그동안의 출산율 하락으로 인해 젊은이들은 줄고 있다. 소비 감소 및 경제 저성장이 불가피해졌다. 이를 극복하려면 정부 규제 중심의 산업구조에서 민간 자발적인^{web3} 부가가치 창출로 옮겨 가야 한다.

다행스럽게 인공지능이 대중을 스마트하게 만들고 있고, 사용하기 쉬운 형태의 인프라로 제공되기 시작했다. 누구라도 이웃의 필요를 채워줄 수 있는 사업모델이 있으면 인공지능을 쉽게 적용해 솔루션을 만들어 자유롭게 시장에 내놓을 수 있다. 그런 사업들이 경쟁력이 있다고 판단되면 누구라도 제한 없이 투자할 수 있는 '민간 중심의 경제'로 발전은 이루어질 것이다. 그런데 이를 위해서는 거래가 신속하고 안전하며 편해야 하는데, 그 기능을 블록체인이 제공할 수 있다.

단, 블록체인은 취약점이 남아 있다. 예를 들어 모든 노드가 전체 거래 기록을 복제하므로 거래가 커질수록 블록체인이 기하급수적으로 무거워지고 속도가 느려지는 점, 거래가 불가역적인 부분은 신뢰 요인이지만 실수나 오기를 영원히 되돌릴 수 없어 정정이 필요한 사업에서는 난제가 된다는 점 등이다. 알트코인들은 이런 취약점을 해소하며 블록체인을 디지털 현장의 거래 인프라로 만들고 있다. 지금까지는 실물 가치 보호라는 측면에서 비트코인에 관심이 쏠렸다면 이제부터는 인공지능과 블록체인이 만들어갈 부가가치 창출 거래 도구인 알트코인으로 사람들의 관심이 점차 넘어갈 것이다.

2025년 5월, 트럼프 행정부는 달러 패권을 강화하고자 지니어스 법을 통해 스테이블 코인의 보급에 나섰다고 앞서 설명했다. 그런데 스테이블 코인도 블록체인을 사용하므로, 스테이블 코인의 확산이 블록체인의 약점들을 해소하며 알트코인의 인프라를 발전시켜줄 것으로 보인다.

같은 날, 디지털 자산 클래리티 법안^{Digital Asset Market Clarity Act}도 발효됐다. 그동안 미국 증권 관리 위원회는 알트코인을 증권으로 간주하며 까다로운 승인 절차를 요구했다. 투자자들이 소수의 경영진이 만드는 성과를 기대하고, 그에 따라 가치가 결정되면 증권이라는 주장이다^{Howey Test}. 그러나 이번 법안은 설령 그런 부분이 있더라도 알트코인 소유가 많은 투자자에게 충분히 분산된다면 조합처럼 봐주겠다는 것이다. 즉 소유자끼리 알아서 상호 부조하는 상품으로 간주하겠다는 뜻으로, 이로 인해 알트코인의 상장 및 거래가 한결 편해지게 되었다.

디지털 화폐를 반대하는 세력들

미국에서 유대인들은 정치자금 후원을 많이 하는 것으로 알려져 있다. 그들은 그 대가로 행정관료들을 그들의 꼭두각시로 꽂아놓고 영향력을 과시한다. 내 판단으로는 유대계 금융기관인 골드만 삭스 출신들이 다수인 것으로 보인다. 금리 또는 돈의 흐름을 결정할 수 있다면 쉽게 돈을 벌 수 있다. 전통적으로 금융기관들이 그 역할을 했고, 유대계 금융 재벌들도 그 혜택을 크게 봤을 것이다. 그런데 화폐가 디지털화되면 돈의 흐름을 기술 기업이 지배하게 된다. 기술 기업들이 인공지능 기반 로보 어드바이저(robo adviser)를 통해 사람들에게 맞춤형 투자 솔루션을 제공하고, 디지털 화폐 덕분에 그것을 편하게 실행할 수 있게 된다면 사람들은 더욱 디지털 화폐에 의존하게 될 것이다. 전통적 금융 세력들은 이를 경계할 것이므로 디지털 화폐 도입을 억제할 수 있다.

규제를 좋아하는 기득권 정치인들도 디지털 화폐가 거북할 수 있다. 만일 인공지능이 매력적인 투자 대상을 알려줬고, 디지털 화폐 기반인 블록체인을 통해 쉽게 거래할 수 있는데 그것이 비상장 기업이어서, 혹은 정부의 규제로 인해 투자가 불가능하다면 불만이 생기게 될 것이다. 즉 정치인들도 디지털 화폐로 인한 규제 약화를 우려할 수 있다. 물론 이런 내 생각은 음모론일 수도 있다.

새로운 시대를 이끌 알트코인 유망주들

코인에는 달러를 비롯한 담보자산을 근거로 발행하는 스테이블 코인과 담보가 없는 언스테이블 코인이 있는데, 언스테이블 코인은 비트코인과 알트코인으로 나뉜다. 알트코인은 다시 금융기관 간 결제용 코인과 다양한 사업 생태계를 만들기 위한 코인으로 나뉠 수 있다. 스테이블 코인의 한 종류로는 각국 중앙은행이 담보를 제공하고 발행하는 CBDC도 있지만, 사생활이 정부에 노출될 수 있다는 우려로 저항이 크다. 특히 세금 노출에 대한 우려가 커지고 있어 CBDC의 보급은 험난할 것으로 보인다.

글로벌 금융기관 간
결제 중심 코인 — 리플

이 분야에서는 리플^{RIPPLE}의 XRP가 이미 표준이 되었다. 이미 승부는 끝났다고 해도 과언이 아니다. 리플은 미국의 뱅크오브아메리카$^{BANK\ OF\ AMERICA}$, 영국의 스탠다드 차타드 등 글로벌 100여 개 금융기관과 제휴하여 각 나라의 송금 관련 규정들을 파악하고 국경 간 송금을 빠르고 편하게 할 수 있는 조치들을 시스템 안에 내재화했다. 그것이 표준이며, 경쟁력이다. 만일 사실상 송금이 어려운 국가 간의 거래가 있다면 즉시 알 수 있고, 타협이 가능한 길을 모색할 수도 있다.

속도도 빠르다. 국경 간 송금의 경우 지금 이용하고 있는 스위프트^{SWIFT} (Society for Worldwide Interbank Financial Telecommunication, 국제 금융 통신기구)를 이용하면 1~3일이 소요되는 반면, 리플의 XRP가 브리지 역할을 하면 3~5초 내로 완료된다. 발생할 수 있는 문제들을 미리 다 검토했기 때문이다. 또한 여러 건을 빠르게 처리할 수 있다. 1초당 처리 거래 건수^{TPS}는 평균 1,500개다. 이는 금융기관 간 결제 용도로는 충분히 빠른 속도다.

리플 네트워크는 블록체인 생태계 형성에 크게 공헌한 천재 제드 매컬러브가 개발했다. 스텔라 코인$^{Stellar\ Lumens}$ 네트워크도 그의 작품이다. 그는 버클리대학교를 중퇴하고 창업에 뛰어들었다.

리플의 거래 속도가 빠른 이유는 첫째, 사전에 블록체인 외부에서 거래를 수행하고 결과만 블록체인 내부에서 공증하는 절차를 갖는다. 즉 절차가 단순해 내부가 붐비지 않는다. 둘째, 모든 거래가 공통된 체인에서 처리되는 것이 아니라 특정 부류의 거래를 빨리 처리할 수 있는 특화된 체인을 병렬로 나열하여 인증한다. 따라서 생산성이 높다. 여기에 보조층을 준비하고 있어 1초당 처리 건수가 더욱 늘어날 전망이다.

리플의 XRP는 금융기관 간 결제를 편리하고 빠르고 안전하게 처리할 수 있는 디지털 플랫폼이다. 여기서 가장 중요한 것은 안전이다. 거래를 한번 처리하면 뒤집을 수 없기 때문이다(비가역적 처리). 그래서 신중하다. 리플 네트워크도 다른 상업용 코인처럼 융통성을 발휘하면 1초에 수십만 건도 처리할 수 있겠지만, 정확성을 위해 속도를 포기하는 부분이 크다. 2012년 이후 리플 네트워크는 한 번도 중단된 적이 없다.

미국은 달러 패권을 강화하는 차원에서 디지털 화폐를 달러 기반 스테이블 코인에서부터 시작한다. 그런데 그 거래 네트워크 연결은 대부분 리플 XRP가 맡을 것이다. 즉 디지털 화폐의 첫 수혜 코인은 리플 XRP일 것이다. 특히 리플은 자체적인 스테이블 코인인 리플 USD^{RLUSD}(Ripple USD) 발행을 추진하고 있는데 여기서는 100% XRP를 사용할 것이다.

다양한 사업 생태계를 만드는 코인들
—솔라나, 수이, 체인링크, ADA, 이더리움

디지털 플랫폼 내에서 사용자들이 모여 콘텐츠를 창작하고 소비하는 생태계가 원활하게 작동하도록 뒷받침하는 기능성 코인들이 있다. 여기서 필요한 역량은 첫째, 수많은 거래를 실시간으로 처리할 수 있는 능력이다. 우선 처리 속도가 빨라야 하고, 네트워크 규모가 커져도 속도를 유지해야 한다. 둘째, 블록체인 내부, 그리고 앱 및 결제 시스템 등 외부환경이 원활하게 연결되어야 한다. 셋째, 사람을 모을 수 있는 콘텐츠를 바탕으로 매력적인 생태계를 구성하는 힘이 있어야 한다. 특히 디지털을 통해 생산자와 소비자 간 직접거래, 그리고 자산의 소유자 확인^{NFT} 기능이 안정적으로 작동해야 한다.

리플 XRP가 금융거래에서 되돌릴 수 없는 결제를 담당하여 신중하다면 이들은 덜 정확하더라도 처리에 융통성을 발휘하고 편의성에 관심을 갖는다. 예를 들어 거래가 문제없을 것 같으면 일단 승인하고, 혹시 나중에 조정이 필요하면 수정할 수 있다는 태도다$^{\text{soft finality}}$(비가역성에 융통성). 거래가 확정될 때까지 기다리지 않아도 되므로 속도가 빠르다. 비가역적 서비스를 하는 리플 XRP는 이들보다 훨씬 빠를 수 있지만 여러 블록이 쌓일 때까지 기다리며 정확도를 위해 속도를 희생한다.

네트워크 속도 개선에 흔히 사용되는 방법들은 다음과 같다. 첫째, 서로 상관없는 거래는 병렬로 처리한다. 공증에 있어 전체 노드가 참여하는 것이 아니라 관련 있는 특정 노드들만 참여하므로 시간이 단축된다. 특히 관련 있는 노드들이 해당 거래에 대해 잘 알기 때문에 공증의 신뢰도가 개선될 수도 있다. 둘째, 네트워크 병목현상을 줄이고, 우선순위를 파악하여 빠른 결제가 필요 없는 것은 나중에 처리한다. 이는 일반적인 인공지능 데이터 처리 방법을 적용한 것이다. 셋째, 과거에 거래되었던 데이터의 패턴을 인공지능이 분석하고, 별문제가 없을 유형의 거래는 사전 승인을 하는 반면, 의심스러운 패턴의 거래는 좀 더 복잡한 공증 절차를 거친다.

인증 방법은 크게 모든 참여 노드에 공증하는 POW(Proof of Work)과 핵심 노드만이 공증에 참여하는 POS(Proof of Stake)로 나뉜다. POS는 공증 절차가 단순하여 빠르지만 핵심 노드만 해킹하면 뚫려 안전성에 위협을 받는다. 한편 리플 XRP는 안전성과 신속성을 모두 얻기 위해 대학, 연구기관 등 150개 이상의 신망 있는 기관들의 합의를 통해 인증을 실시한다[RPCA](Ripple Protocol Consensus Algorithm). 참여 기관 중 일부가 거짓말을 할 수도 있으나 80% 이상의 컨센서스이므로 인증의 공정성에 문제가 없고, 거짓말을 한 기관은 탈락된다.

솔라나[Solana]는 속도를 내기 위해 POS 방법을 사용한다. 물론 부정확한 인증이 섞일 가능성이 있지만 추후 검증 및 교정 절차가 있다.

여기에 POH(Proof of History)를 더한다. 블록체인은 선후관계를 규명하는 특징이 있다. 그 덕분에 과정을 소상히 밝힐 수 있고, 선후를 검증하는 일에 유용하다. 그런데 그 일에는 별도의 절차가 필요한데, 솔라나는 처음부터 모든 거래에 시간표를 부착하여 선후 검증을 생략할 수 있다. 이런 노력 덕분에 솔라나는 1초에 6만 5,000건 이상의 거래를 성사시킬 수 있으며, 이는 비자^{VISA} 네트워크와 맞먹는 속도다.

수이^{SUI} 코인도 솔라나 정도의 속도를 낼 수 있고, 여기에 게임 콘텐츠를 더해 인기를 모았다. 한편 거래 대상인 외부 실물을 코인으로 상품화하려면 블록체인 안으로 가져와 연결해야 하는데, 그 도구는 체인링크^{Chainlink}가 제공한다. 그리고 기능성 코인은 아니지만 플랫폼 형성의 도구를 만들어주는 코인으로 이더리움^{Ethereum}과 에이다^{ADA Cardano platform}가 있다.

금융상품 관련 코인들도 있다. 금융자산 실물을 코인으로 연결해 해외 자산이나 소액투자가 어려운 자산에 접근 기회를 주는 코인들이다. 한국인이 미국 국채를 사려 한다고 해보자. 절차가 복잡하고, 투자 금액이 부족할 수 있지만 코인을 통해 조각으로 구매하는 것이다. 관련 코인으로 온도^{Ondo}가 있다. 한편 돈을 빌려주는 사람과 빌리는 사람을 직접 연결해주는 코인 네트워크로는 AAVE가 있다. 그러나 기존 금융기관들의 펀드들이나 핀테크 업체들이 이런 영역으로 치고 들어와 금융상품 관련 코인들은 심한 경쟁에 노출되고 있다.

디지털 핀테크 플랫폼—소파이

소파이^{SoFi}는 2011년에 스탠퍼드 경영대학원 출신들이 창업했고, 교내 학자금 대출 사업부터 시작했다. 2015년까지는 대출 업무에 집중하다가 2010년대 중후반에 대출 회사에서 데이터 회사로 탈바꿈했다. 실리콘밸리에서 엔지니어들을 영입했고, 아마존, 구글 클라우드에서도 전문 인력을 뽑아 왔다. 전통 금융에서 디지털 금융으로 넘어가는 흐름을 간파하고, 클라우드 서비스를 위한 준비를 충실히 했다. 또한 인공지능을 통한 관리 시스템도 마련했다. 지금도 소파이의 모든 의사결정은 인공지능이 분석해놓은 데이터를 기반으로 한다. 경영자의 느낌은 철저히 배제한다.

디지털 금융 서비스 준비를 마치고, 2020년 핀테크 솔루션(예를 들면 가상 카드 발급 및 결제) 개발 업체인 갈릴레오^{GALILEO}를 인수했고, 2022년에는 모바일 뱅킹 솔루션 개발업체인 테크니시스^{TECHNISYS}를 인수하여 디지털 서비스 실무 역량을 확보했다. 이를 2010년대 후반 갈고 닦은 클라우드 서비스 위에 얹었다(갈릴레오와 테크니시스는 다른 금융기관에 여전히 기존의 서비스를 제공하며 수수료를 받고 있다. 즉 캐시카우 역할을 한다. 차임^{CHIME}, 로빈후드^{ROBINHOOD}, 레볼루트^{REVOLUT}, 와이즈^{WISE}, 데이브^{DAVE}, 몬조^{MONZO} 등 수많은 핀테크 기업이 갈릴레오의 인프라를 이용하고 있다).

그래서 소파이의 가장 대표적인 경쟁력은 다른 금융기관들처럼 자체 서버를 갖고 운영하는 것이 아니라 클라우드 서비스를 통해서도, 즉 남의 서버를 빌려 써도 서비스를 최적화할 수 있는 능력이다. 이는 순발력이 있다는 뜻이다. 새로운 서비스로 이동해야 할 때 클라우드를 빌려 바로 시작할 수 있고, 접어야 하는 사업이 생기면 부담 없이 끝낼 수 있는 것이다. 또 서비스가 붐비거나 한산할 때도 신축성 있게 대응할 수 있고, 고정비 부담이 적다. 마치 몽골의 유목민 같다.

소파이는 시장이 관심 있는 분야에 늘 먼저 치고 나갈 수 있다. 예를 들어 투자자들은 스페이스 X 및 오픈AI 등 뜨거운 비상장 성장주에 관심이 크지만 투자 기회를 찾지 못한다. 소파이는 이런 기업들을 모아 10달러 단위로 살 수 있는 펀드를 디지털로 만들고, 인공지능을 활용해 이들 기업의 동향 및 가치 분석을 제공한다.

| 맺음말 |

당신의 부가 세상의 빛이 되기를

　주식을 가장 싸게 살 수 있는 방법은 일찍 사는 것이다. 우리가 이 책에서 공부했던 기업들이 그런 부류다. 특히 아직 기업이 본격 성장하기 전에 미래를 볼 수 있으면 더 좋다. 비상장 기업 투자도 가능한 대안이고, 스톡옵션을 받고 스타트업에 스스로를 투자하는 것도 방법이다. 이런 초기 기업 투자에 성공하면 큰돈을 벌 수 있다.

　그런데 미래를 읽으려면 노력이 필요하고, 적성도 요구된다. 증시는 '기대'를 사고파는 곳이다. 지금 벌어지고 있는 사실들은 이미 주가에 반영되어 있다. 증시가 어느 정도 효율적이라면 말이다. 주가는 저 언덕 너머에 있는 무엇과도 같다. 당장은 보이지 않지만 계속 보기 위해 애쓰고, 그리워하면 조금씩 보이는 그것이다. 이것이 '통찰력'이며, 대중이 볼 수 없는 소수만의 영역이다. 당신은 이런 통찰력을 위한 사색을 즐기는가?

나는 학생 시절 풀리지 않는 수학 문제를 안고 하루 종일 고민해도 지치지 않았다. 머리가 남보다 영특하지는 않지만 그런 취미 때문에 유망한 어린 기업들을 찾을 수 있었다. 우뇌가 발달한 사람들이 이런 유형이다. 자신의 생각을 발전시키는 데 재주가 있고, 직관을 갖기에 유리하다. 반면 좌뇌가 발달한 사람들은 주변의 사실들을 빠르게 인지하여 책도 빨리 읽을 수 있고, 눈치가 빠르다. 통찰력은 떨어진다. 신은 공평하시다.

그러나 좌뇌가 발달한 사람들도 생각하는 습관을 통해 직관을 키울 수 있다. 과거 리서치 센터장 시절, 소질 없던 애널리스트들이 생각하는 습관을 통해 통찰력을 키워가는 모습들을 보곤 했었다. 물론 습관이란 부단한 노력의 산물이다.

통찰력은 여러분에게 큰돈을 가져다줄 수 있다. 그런데 왜 큰돈이 벌고 싶은가? 돈이 부족하면 조금 불편할 수 있지만, 돈이 많다고 해서 행복한 것은 아니다. 혹시 돈이 생기면 하고 싶은 일이 있나? 그 만족감은 금세 지겨움으로 변할 것이다. 이 세상의 특징이 모든 것은 '썩는다'는 사실이기 때문이다. 또한 여러분은 그 많은 돈을 누구와 쓸 것인가? 어차피 사회에 환원해야 한다.

그런데 성경에서는 30배, 60배, 100배의 수익률을 권유한다. 차원이 다른 규모다. 자신만을 위한다면 이런 수익률은 필요 없다. 즉 큰돈을 버는 동기는 자신보다 이웃을 위한 것이다. 그 사명감이 사색의 고통을 감내하게 한다. 이른 투자의 극단적인 예가 창업이다. 창업에 성공하면 엄청난 부를 얻을 수 있다. 그러나 큰 고통이 따른다. 창업의 목적이 돈뿐이라면 그 고통을 견디지 못한다. 그러나 창업의 결실이 얼마나 많은 이웃들을 기쁘게 할 것인지 상상하는 즐거움에 고통을 잊는 것이다.

끝으로 신기술주의 투자 방법은 기본적으로 장기 매수$^{\text{Buy \& Hold}}$다. 어린 기업이 충분히 성장한 후 수확하는 것이 옳다. 만일 도중에 실패한다면 투자금을 포기하는 것이 정직하다. 자신의 판단이 틀렸음을 인정해야 한다. 그래서 버려도 부담 없을 만큼의 돈을 투자하라는 것이다. 그 이상을 넘어가면 잠이 오지 않을 것이다. 우리는 '분산투자'를 해야 한다. 하나가 실패해도 다른 하나가 성공하면 충분히 만족할 만한 수익률을 얻을 수 있다. 여기에 신기술, 신성장 주식투자의 매력이 있다.

신기술주는 성장 과정에서 여러 모멘텀을 맞이한다. 그때마다 차익을 실현하고 싶은 충동을 느낄 것이다. 한참 주가가 올랐을 때 잠시 차익을 실현했다가 모멘텀이 지나간 후 저가에 재매입을 하면 수익률을 증폭시킬 수 있다는 계산도 한다. 즉 유망한 신기술주를 선택한 것$^{\text{stock selection}}$뿐 아니라 매매 시점을 잘 포착$^{\text{market timing}}$해서 초과 이익을 얻겠다는 태도다. 그러나 자신이 판 주식을 다시 사기는 쉽지 않다. 주가가 의미 있게 하락하기를 기다리지만 대부분 그런 기회는 오지 않는다. 결국 판 가격보다 더 비싸게 따라잡는 경우가 허다하며, 심지어 놓치는 경우도 흔하다.

신기술주를 파는 경우는 두 가지다. 첫째는 자신이 사면서 적었던 '매수 이유'가 훼손되었을 때다. 둘째는 자신의 매수 이유가 널리 알려져 더 이상 새롭지 않게 되었을 때, 즉 내 뒤에 내 주식을 사줄 사람이 없게 된 때다.

차갑고 지혜로워라. 당신이 돈을 버는 행동들이 시중 자금을 더 '생산적'인 곳으로 옮겨 많은 이웃에게 큰 부가가치를 안겨줄 것이다. 사람을 만날 때는 따뜻하라. 돈을 어려운 이웃들을 위해 쓰되 왼손이 하는 일을 오른손이 모르게 하라. 우리가 선행을 하는 것은 자랑할 일도, 칭찬받을 일도 아니고, 처음부터 정해진 약속이었다.

텐배거 포트폴리오

초판 1쇄 발행 2025년 12월 29일
초판 4쇄 발행 2026년 1월 19일

지은이 김학주
펴낸이 김선준

편집이사 서선행
책임편집 송병규
디자인 엄재선
마케팅팀 권두리, 이진규, 신동빈
홍보팀 조아란, 장태수, 이은정, 권희, 박미정, 조문정, 이건희, 박지훈, 송수연, 김수빈, 현유진, 정지호
경영관리 송현주, 윤이경, 임해랑, 정수연

펴낸곳 페이지2북스
출판등록 2019년 4월 25일 제 2019-000129호
주소 서울시 영등포구 여의대로 108 파크원타워1, 28층
전화 070)4203-7755 **팩스** 070)4170-4865
이메일 page2books@naver.com
종이 월드페이퍼 **인쇄·제본** 한영문화사

ISBN 979-11-6985-176-3 (03320)

- 책값은 뒤표지에 있습니다.
- 파본은 구입하신 서점에서 교환해 드립니다.
- 이 책은 저작권법에 의하여 보호를 받는 저작물이므로 무단 전재와 복제를 금합니다.